LES

TRIBUNAUX COMIQUES

ILLUSTRÉS

LES
TRIBUNAUX
COMIQUES

PAR

JULES MOINAUX

Rédacteur de la *Gazette des Tribunaux*

PARIS
A. CHEVALIER-MARESCQ, ÉDITEUR
20, RUE SOUFFLOT, 20

—

1881

PRÉFACE

MESSIEURS DU TRIBUNAL,

Le prévenu Jules Moinaux, que j'ai l'honneur et le regret de venir défendre devant vous, est né à Tours, la patrie de Rabelais, avec lequel il a, d'ailleurs, quelque parenté. Malgré cette parenté, bien reconnue depuis, il ne fit aucun bruit dans le monde.

Homme sensé, exact et positif, il se maria à l'âge de vingt ans, autant — pour accomplir la loi de son cœur, — comme disait alors son futur confrère Scribe, que pour se délivrer d'un seul coup d'une foule de sujétions que nous avons tous éprouvées.

Il suffit d'être de la famille de Rabelais pour quitter Tours le plus tôt possible. Le jeune ménage se trouva, un matin, installé dans un souriant petit appartement de la rue d'Hauteville, et, sans perdre de temps, le jeune Tourangeau allait s'informer de cette fortune parisienne dont il avait tant entendu parler :

— Monsieur, dit-il à un passant qui lui parut respectable, quels sont les gens les plus riches de Paris?

— Monsieur, lui répondit le passant, jusqu'à présent les banquiers ont passé pour les thuriféraires les plus actifs de Plutus.

— Alors, tout banquier est riche?

— Riche ou supposé l'être.

— Pouvez-vous me dire comment on devient banquier?

— C'est facile; allez-vous-en de ma part chez M. Louis Lebœuf, là, en face; vous avez l'air d'un brave jeune homme, vous n'aurez qu'à vous présenter de ma part.

— Votre nom, monsieur, s'il vous plaît?

— Joseph Prudhomme.

— Comment pourrai-je reconnaître assez...?

— Allez, allez! ce n'est pas pour vous; il suffit que vous soyez du pays de Rabelais, dont je méprise la morale, mais dont j'apprécie la verve gauloise, quoique parfois outrée.

Au bout d'un an, Moinaux s'aperçut qu'il avait gagné cent sous par jour; c'était peut-être la banque, ce n'était pas la fortune : — Ah! pensait-il, si je rencontrais ce vieillard qui m'a condamné à cette galère!

Par un de ces hasards qui arrivent tous les jours, M. Prudhomme était devant lui, le regardant avec sérénité.

— Monsieur, s'écria Moinaux, je réclame de vous une explication.

— Volontiers, jeune homme, mais pas dans la rue.

— Dans mon appartement, si vous voulez, e demeure à l'entresol.

— A votre âge, répondit M. Prudhomme, je demeurais au septième, au-dessus de deux entresols!

— Ce n'est pas la question.

— C'est juste.

A peine assis, Moinaux exposa ses griefs.

— Eh bien, lui dit Prudhomme, faites comme moi, de la sculpture, des dessins, du roman ou du théâtre.

— Je ne sais pas.

— Faites quelque chose qui se vend.

— Je ne sais pas.

— Qu'est-ce que cela? demanda Prudhomme en déchiffrant un bout de papier.

— Ça, répondit Moinaux sans lever la tête, c'est une chansonnette : *le Sapeur troubadour*.

— Eh bien, cela se vend, et je vais vous conduire chez le marchand.

Séance tenante, on alla chez l'éditeur Colombier, homme de flair et de goût, qui donna 200 francs, se réservant le droit de choisir le musicien.

Moinaux, qui trouvait agréable de chanter pour rien, trouva plus agréable encore de chanter pour de l'argent. Il abandonna la banque, et chanta tant qu'il put. Mais c'était un esprit trop sagace pour ne pas avoir reconnu que Beaumarchais avait raison en disant que tout finit par des chansons. Il fallait donc chercher, en dehors des couplets, le chemin qui conduit, sinon à la fortune, du moins à la liberté du travail.

Moinaux suivait curieusement son ami Prudhomme, et avait remarqué que cet homme qui savait faire tant de choses, qui avait fait du théâtre, de la sculpture, de la peinture, du roman, n'avait réussi qu'une chose. Médiocre dans tout, il était apparu, un matin, étincelant avec les *Scènes populaires*.

Balzac imprimait les dernières scènes de sa *Comédie humaine*, et Paul de Kock les derniers tableaux de mœurs du peuple aimable des travailleurs de son temps. Moinaux comprit que sa vie était là, et tranquille, mais fort de lui-même, il alla frapper à la *Gazette des Tribunaux*.

— Que voulez-vous?

— Je voudrais remplacer James Rousseau.

— Diable! James Rousseau était un homme de beaucoup d'esprit.

— Je l'ai entendu dire.

— Il faisait des choses fort drôles.

— Oui; on lui mettait un lampion sur le ventre...

— Ç'a été un éclat de rire en France. Vous voyez qu'on ne remplace pas facilement un gaillard comme cela.

— Dans les démolitions, c'est possible, mais dans le journal, avec un peu de bonne volonté...

L'interlocuteur de Moinaux était un gentilhomme myope : — Montez, dit-il, que je vous voie.

Quelle impression fit sur cet homme de talent l'aspect froid et régulier de Moinaux, qui a l'air d'un Anglais entre ses repas, et d'un homme en bois le reste du temps? Maître Paillard de Villeneuve ne s'en ouvrit jamais à personne.

M. LE PRÉSIDENT. — Me Noriac, vous n'êtes pas avocat?

NORIAC. — J'ai le regret d'en convenir, monsieur le président.

M. LE PRÉSIDENT. — Aussi je me disais : Il appelle son client homme en bois...

NORIAC. — Pardon, monsieur le président, voilà trente ans que je suis l'ami et le collaborateur de Jules Moinaux; nous avons fondé pour nous deux une petite société d'admiration mutuelle, mais à la condition de nous dire toute espèce de choses désagréables quand cela nous ferait plaisir. Tout à l'heure, j'ai fait sortir mon client d'un mortier dans lequel il fermentait avec Balzac, Paul de Kock et Monnier; si, maintenant, je n'avais pas le droit de l'appeler homme en bois, je ne serais qu'un vil séide.

M. LE PRÉSIDENT. — L'incident est vidé. Continuez!

NORIAC. — C'est facile : depuis ce jour mémorable, la *Gazette des Tribunaux* publie presque quotidiennement une petite cause correctionnelle, chef-d'œuvre de bonne humeur, de vérité; parfois empreinte de philosophie, mais toujours claire et honnête comme le cœur d'un galant homme.

Depuis trente ans, Moinaux a fait sans bruit ce métier, bien autrement dangereux que la préparation de la céruse. Ce sourire de chaque matin a été le bien-être et la liberté de notre cher auteur de la *Question d'Orient;* car il faut bien finir par accoucher : ce journaliste, vieux pilier du *Charivari*, est auteur dramatique.

Après le succès de cette bouffonnerie politique, qui fut un éclat de rire de six mois, Offenbach vint trouver Moinaux : — Il me faut une pièce de toi, après-demain, pour ouvrir mon théâtre.

— Ça tombe bien, dit Moinaux, j'ai là trois actes...

— Impossible, je ne peux jouer que des pièces en un acte.

— Ah! ah! ça ne fait rien, reprit Moinaux, je couperai deux actes. Au lieu de s'appeler *les Musiciens ambulants*, nous appellerons cela *les Musiciens au repos;* au lieu de se passer dans trois rues différentes, ça se passera sur une place.

— Mais, dit Offenbach, c'est qu'il y a encore une difficulté : il ne peut y avoir que deux personnages en scène.

Cette fois, malgré son sang-froid bien connu, Moinaux ne put s'empêcher de s'écrier : — Ils appellent ça te donner un privilège, au ministère ?...

— Oui, dit Offenbach, un privilège en caoutchouc : ne m'abandonne pas et nous l'étendrons.

— C'est bon, répondit Moinaux, nous lisons demain. Je vais me mettre à la pièce; tu auras ce soir le nom de mes personnages avec une note, et tu feras la distribution à ton gré.

Le lendemain, à midi pour le quart, la maison était en liesse; le jeune auteur arrivait, la pièce terminée : « Messieurs, dit-il en présence des deux comédiens convoqués, deux mots d'explication. Cette pièce avait trois actes; elle s'est appelée *les Musiciens ambulants*, le théâtre représentait les Champs-Élysées, la barrière du Trône et la place Maubert. Mise en deux actes, elle s'appela *les Chanteurs au repos*. Le théâtre représentait la place de la Concorde. Par suite de quelques clauses de votre privilège, aujourd'hui j'ai dû faire quelques modifications : elle n'a plus qu'un acte, et encore! une scène tout au plus. La scène se passe sur un pont et cela s'appelle *les Deux Aveugles*. » Puis, développant son manuscrit, il se mit à lire, non sans avoir dit d'une voix sépulcrale : Je crois même que ce sera très gai.

Ce fut fort triste jusqu'à la première représentation. Les artistes et jusqu'à l'auteur étaient désespérés, le compositeur navré, et les amis de la maison, plus nombreux que les spectateurs, versaient des larmes de désespoir. Ceci, mes bons juges, se passait en 1855, et, à l'heure qu'il est, on joue encore la pièce pour la dix-millième fois, sous les éclats de rire de trois nouvelles générations.

On aurait été encouragé à moins.

Depuis ce temps, Moinaux continua son métier avec le même flegme et le même bonheur : *l'Ut dièze, le Joueur de flûte, le Testament de M. de Crac, le Canard à trois becs*, cette immortelle bouffonnerie, *les Deux Sourds*, qui faisait répondre par M. Bertrand à un étranger qui lui demandait pourquoi on ne jouait pas tous les soirs cette pièce : — Ma foi, je ne sais pas ; c'est bien simple, et nous n'y avons jamais pensé.

a.

Vous allez me demander, messieurs, pourquoi cet homme d'esprit si brave, si souriant au travail, si vertueux, si vraiment bon garçon, est venu échouer sur les bancs de la police correctionnelle; messieurs, il y est en vertu d'une loi existante qui autorisa un livre de Bacon à se faire brûler par la main du bourreau; Moinaux avait bien remarqué que certains livres avaient des privilèges du roi, et que d'autres n'en avaient pas; mais un délire étrange s'était emparé de lui : cet homme modeste, qui avait eu tous les succès et voyait que tout le monde faisait des livres, même M. Zola, voulut faire le sien; il le fit : le voilà !

Le président. — Me Noriac, vous êtes encore moins avocat que je ne le croyais; il n'y a plus de bourreau, il n'y a plus de roi, il n'y a plus de privilèges.

Noriac. — Hélas! monsieur le président, je sais tout cela; mais le malheureux auteur, qui pouvait choisir tant de sujets, a choisi sa propre maison : *Sua domo;* que dis-je, la sienne ! la vôtre, plutôt. Il met en scène les habitants; il parle, en souriant, de gens qui seront conseillers, présidents de cour, ministres, plus encore peut-être.

Eh bien, messieurs, tous ces gens sont restés ses amis; est-ce vous, les nouveaux, qui apportez le progrès sur le *peplum* de la justice, qui condamnerez un homme coupable d'un seul tort, après tout, celui de vous prêter de temps en temps quelques sourires?

Le président. — La cause est entendue.

Attendu que nul n'est juge dans sa propre cause, le tribunal se déclare incompétent et annule cette cause chimérique, en désirant que le livre incriminé arrive à sa soixante-seizième édition.

Jules. Noriac.

MONOGRAPHIE

DE LA

POLICE CORRECTIONNELLE

LE PRESIDENT

Rien, en justice, n'est risible! disent certains présidents de police correctionnelle, en réprimant l'hilarité de l'auditoire, qui prouve justement le contraire; tant il est vrai que la façon de voir les choses est affaire de tempérament.

Je crois volontiers à la conviction d'un défunt magistrat, répondant sévèrement à un voleur qui invoquait le bénéfice du proverbe — la faim fait sortir le loup du bois : — Quand le loup a faim, il

travaille! ou encore à une vagabonde se disant sans domicile ni moyens d'existence : Quand on est jeune et forte comme vous, on se fait nourrice! Mais je doute que ces réflexions aient été accueillies, par le public, aussi gravement qu'elles étaient faites.

La réputation de la police correctionnelle est si bien établie que ceux qui assistent pour la première fois à l'une de ses audiences esquissent, de confiance, dès leur entrée dans le prétoire, un rire qui n'attend qu'un prétexte pour éclater bruyamment. Les présidents graves, alors, d'imposer le silence; d'autres laissent rire. C'est que les premiers subissent la présidence des chambres correctionnelles où le *roulement* annuel les a envoyés; les autres la préfèrent à celles des chambres civiles; ceux-là aiment mieux juger sur plaidoiries; beaucoup de ceux-ci diraient volontiers, comme M. le président Destrem : Pas de plaidoirie, pas de prison?... ça va-t-il?

La nuance est là.

LES AVOCATS

Je comprends à merveille la pensée de ce spirituel magistrat ; à sa place, j'aurais fait la même proposition. Non que je n'aime pas les avocats, tant s'en faut, Seigneur! je ne leur reproche qu'une chose : c'est de plaider!... j'entends : devant la police correctionnelle, où le président peut les arrêter par ces mots : La cause est entendue ! c'est-à-dire : Ne continuez pas ! vous avez gagné votre procès. Ce qui a rarement lieu au civil et ne se voit jamais en cour d'assises. De sorte que, toujours dans l'attente de cette interruption désirée, l'avocat parle, parle, produit deux fois, trois fois, les mêmes arguments, recommence à satiété la même analyse des faits, le même relevé des témoignages favorables à son client, la lecture des mêmes certificats ; en fin de compte, prononce trois plaidoiries au lieu d'une. Les doyens du barreau vont même jusqu'à quatre, comme pour prouver que les vieux rasoirs sont les meilleurs, et c'est ainsi qu'on a pu croire que les avocats de police correctionnelle sont pris à l'heure, comme les fiacres.

Ce qui est admirable en eux, c'est leur facilité à plaider le pour et le contre; ils ont trente-sept manières de démontrer l'existence d'un délit et, de l'autre côté de la barre, ils en auraient tout autant pour prouver que ce même délit n'existe pas; d'où l'impossibilité, pour un avocat, de désarçonner son contradicteur. Si d'un argument vainqueur il vous le coupe en deux, comme Godefroy de Bouillon coupa ce Sarrasin dont la moitié resta à cheval, la moitié de l'avocat pourfendu reste également à cheval sur sa cause, sans qu'il soit autrement paralysé dans ses moyens; au contraire, il se gargarise aussitôt des syllabes les plus éclatantes et, d'un organe de plusieurs kilos au-dessus du ton naturel, il riposte par un contre-argument qui aplatit son adversaire, mais comme on aplatit un ressort à boudin, qui se redresse après le coup porté.

Conviction à part, c'est merveilleux.

La conséquence de pareilles luttes est généralement le renvoi dos à dos des parties, c'est-à-dire la

perte du procès des deux avocats et aussi de leur éloquence; effet de la loi de la statique en vertu de laquelle deux forces identiques s'annulent en se rencontrant.

Il est juste de dire que les avocats plaident moins pour le tribunal que pour leurs clients; ceux-ci en veulent si bien pour leur argent que, même ayant eu gain de cause sur une brève plaidoirie, ils marchandent le prix des honoraires convenus, sous prétexte que leur défenseur n'a guère parlé. J'entendais un jour un homme dire à son voisin de banquette, admirateur d'un avocat à ce moment à la barre : « Vous allez entendre le mien. C'est bien autre chose que ça ! Un gars qui vous a une gueule ! »

Toute la clientèle de police correctionnelle est dans cette appréciation du barreau.

LES PRÉVENUS

Du moins, si les consciencieux défenseurs reviennent à l'infini sur la même chose, c'est toujours de leur procès qu'il s'agit, tandis que, la plupart du temps, témoins et prévenus parlent de tout, excepté de l'affaire, notamment des chopines bues. Ce qu'il est bu de chopines avant d'arriver au fait suffirait à désaltérer tout un auditoire au mois de juillet.

C'est évidemment pour cela que les présidents qui écoutent imperturbablement plaider trois fois la même chose, par respect pour la liberté de la défense, limitent cette liberté aux délinquants qui se défendent eux-mêmes, et s'opposent absolument à la lecture de plaidoyers écrits d'avance par des prévenus éloquents, mais non improvisateurs. Nous avons ainsi, un jour, perdu une plaidoirie qui devait être fort réjouissante, à en juger par la péroraison seule, que put lancer son auteur : « Je donne mon âme à Dieu, mon cœur à S. M. l'Empereur, et j'abandonne mon corps à la jurisprudence qui vous caractérise. »

C'est ce prévenu qui, à propos de l'interdiction de sa lecture, a dit ce mot, célèbre au Palais : « J'ai passé bien souvent en police correctionnelle, mais, je le déclare, je n'ai jamais été présidé comme cela.

LES MÉTIERS DE POLICE CORRECTIONNELLE

C'est la police correctionnelle qui a fait connaître des professions ignorées du vulgaire, et que les prévenus, qui n'en ont aucune avouable, prétendent exercer : ouvrier en bâtons de maréchaux de France, fabricant d'yeux de bouillon, à l'aide d'huile qu'on tient dans sa bouche et qu'on lance à petits jets dans la marmite, peintre de pattes de

dindons, la vieillesse de ces volatiles étant trahie par la blancheur de leurs pattes ; savonneur de mâts de cocagne, noircisseur de verres pour éclipses, ramasseur d'invalides ivres, etc., etc., tous états pleins de mortes-saisons.

C'est à la police correctionnelle que viennent se révéler les moyens variés, et parfois extraordinairement curieux, de soutirer l'argent d'autrui; ainsi, récemment, par exemple, cet industrieux jeune homme qui, sous différents noms et en trimballant de domicile en domicile un mobilier de 1,800 francs, l'avait assuré dans toutes les compagnies contre l'incendie, pour un chiffre total de plus d'un million, et s'était, comme courtier, fait payer ses commissions sur cette somme; et devant tant d'imagination, on se demande quelles fortunes n'eussent pas faites les inventeurs de son espèce, s'ils eussent appliqué à des spéculations honnêtes les ressources de leur intelligence perverse.

RÉVÉLATIONS D'AUDIENCE

De la police correctionnelle aussi sont nées des réputations littéraires. C'est à ses condamnations pour outrage à la morale publique, prononcées à l'occasion de chacun de ses ouvrages, que madame Marc de Montifaud a dû sa notoriété, malgré le huis-clos des débats, ou plutôt à cause de ce huis-clos, et de se faire lire beaucoup plus que les auteurs de livres couronnés par l'Académie française.

C'est la police correctionnelle qui nous a appris pourquoi les cuisinières, qui font des économies en vue du mariage, ne se marient à peu près jamais, grâce à l'imprudence avec laquelle elles confient leur petit magot à leur futur époux, qui le leur mange, part ensuite, censé pour chercher ses papiers dans son pays, mais en réalité va, comme Bertrand, voir si le printemps s'avance.

DE LA POLICE CORRECTIONNELLE. — XXIX

LES HUISSIERS D'AUDIENCE

Je ne connais guère d'indifférents aux débats de
la police correctionnelle que les huissiers audien-

b.

ciers, lesquels, généralement, dorment ou lisent le journal; je n'en ai vu que deux occuper leur temps d'une autre façon, sans plus écouter pour cela; l'un dessine à la plume, et très joliment, ma foi, les portraits des juges, des prévenus ou des avocats; l'autre, qui a disparu du Palais, avait la funeste habitude des calembours; celui-ci est devenu gâteux; il devait finir comme cela.

LE SUBSTITUT

Le substitut de police correctionnelle a pour mission de rechercher l'existence du délit, et s'il l'a établie, de requérir l'application de la loi... en vigueur à l'heure où il parle ; ce qui, en matière de délit politique, lui fait une situation singulière. Ainsi, on a vu le même substitut demander, vers la fin de l'Empire, la condamnation d'individus qui avaient crié : Vive la République ! et, la République établie, requérir contre des gens qui avaient crié : Vive l'Empereur !

L'Empire n'est plus, c'est à merveille ; mais voyez-vous M. le substitut Gastambide, faisant ressortir l'outrage adressé au maréchal-président, de ces paroles : « Il faudra se soumettre ou se démettre, » requérant la condamnation de M. Gambetta qui les a prononcées, puis voyant bientôt se réaliser le pronostic et son auteur arriver à la situation que vous savez !

C'est peut-être pour des raisons de ce genre que la magistrature debout n'est jamais bien assise, au rebours de la magistrature assise, qui reste toujours debout.

L'AUDITOIRE

L'auditoire de la police correctionnelle varie selon le genre d'affaires inscrites au rôle. Ainsi, le jour des flagrants délits, c'est-à-dire du jugement des prévenus arrêtés la veille pour vol, vagabondage, mendicité, rupture de ban, outrages aux agents, ivresse, etc., etc., l'auditoire est presque exclusivement composé de gendarmes et de gardiens de la paix.

Les jours fort ennuyeux consacrés au jugement des contrefaçons, le prétoire ne compte à peu près que les intéressés, bien qu'il s'y révèle souvent des inventions aussi cocasses que brevetées ; il n'y y en a qu'une que j'attends vainement et qui me fait suivre les procès en contrefaçon : c'est un système pour boutonner aisément les cols de chemises. Peut-être ne le cherche-t-on pas, parce que le jour où les hommes pourraient boutonner eux-mêmes leur chemise, on aurait à craindre l'abaissement du chiffre des mariages.

Nous avons enfin les audiences indiquées pour telle affaire scandaleuse retentissante. Ce jour-là, la salle est littéralement prise d'assaut par de vrais stagiaires et de faux avocats, qui louent une robe pour venir s'inspirer de l'éloquence des maîtres du barreau, et s'en vont, pour la plupart, dès que ceux-ci prennent la parole.

LES VIEUX HABITUES

La police correctionnelle est la seule juridiction qui ait ses vieux habitués. Ces amateurs ont fini par se faire, de leur habitude, un titre pour pénétrer dans la salle d'audience, les jours où n'y entre pas qui veut, et y choisir les meilleures places; il en est qui, pour avoir mieux leurs aises, s'installent jusqu'aux bancs des avocats, et on a même, un jour, expulsé du banc de la presse un de ces auditeurs qui, invité à nommer le journal dont il était le représentant, répondit qu'il appartenait à la rédaction de *l'Indicateur des Chemins de fer*. Ces fidèles sont les cicerone de leurs voisins de banquette pour qui les débats judiciaires sont chose nouvelle; ils leur désignent les avocats célèbres, leur disent le caractère sévère ou *rigolo* du président, leur nomment jusqu'aux huissiers avec qui ils sont au mieux, et les gardes du Palais à qui ils donnent des poignées de main, et ils annoncent d'avance, grâce à leur vieille expérience, la peine probable qui sera prononcée dans telle ou telle affaire.

C'est l'un de ces importants personnages qui, à cette question : Monsieur est homme de loi? répondait avec une satisfaction visible: Mon Dieu... je suis homme de loi... sans l'être précisément.

DE LA POLICE CORRECTIONNELLE. XXXVII

LES DÉBUTS DE L'AVOCAT

C'est à la police correctionnelle qu'après avoir
suffisamment cultivé le *jus romanum* et le *jus* de

c

houblon, le jeune licencié, investi du titre de maître, qu'il partage avec maître Corbeau, ouvre un large bec pour faire entendre sa belle voix en faveur d'un vagabond ou d'un ivrogne, son premier client, puis, agitant, à l'instar du grand Lachaud, son bras tendu en avant, comme pour faire sortir des flots d'éloquence de sa manche oratoire, débute à peu près en ces termes dans la carrière du barreau :

« Ce n'est pas sans une vive émotion que je prends la parole pour l'infortuné qui a bien voulu me confier le soin de défendre sa considération et sa liberté. Voici un certificat attestant que, depuis vingt-cinq ans, il est fidèle au même perruquier par qui il s'est toujours fait faire la barbe avec honneur et probité, etc., etc. »

Et après plusieurs années passées vainement à attendre des clients plus sérieux, l'avocat sans causes abandonne une carrière ingrate, en se disant, comme André Chénier : Et pourtant j'avais quelque chose là ! Ce qui est possible, si c'est son front qu'il montre, mais ne pourrait pas s'appliquer justement s'il désignait du geste sa serviette, dans laquelle il n'y a jamais rien eu.

CONCLUSION

Telles sont, rapidement indiquées, les diverses physionomies de la police correctionnelle. Il ne me reste plus qu'à extraire, pour vous, de la *Gazette des Tribunaux* où je les ai publiés à leur date, des échantillons variés de ce qui s'y juge. Vous comprendrez alors, en lisant les *Tribunaux comiques*, que, s'il n'est pas parlé de la femme dans l'étude légère de la juridiction qui nous occupe, c'est parce que les héroïnes de cette juridiction n'ont, généralement, de la femme que le sexe : devant la justice révolutionnaire, la femme s'appelle Marie-Antoinette, madame Roland ou Charlotte Corday ; devant la justice criminelle, elle s'appelle madame Lafarge ; devant la police correctionnelle, elle s'appelle mam' Potard, veuve Babouin ou Zoé Dutrottoir, dite femme Alphonse, et appartient à une catégorie de créatures dont on peut dire, avec Alexandre Dumas, qu'elles ressemblent à des femmes quand elles sont mortes.

Maintenant, huissier, appelez les causes !

JULES MOINAUX,
Rédacteur de la *Gazette des Tribunaux*.

UNE PARENTÉ ENTORTILLÉE

Si la famille Blancheton avait un notaire, ce qui est bien improbable, cet officier ministériel aurait quelques difficultés le jour où il lui faudrait régler des intérêts de parenté; le diable tabellion, lui-même, ne pourrait pas se retrouver dans l'imbroglio né d'une double union, et serait obligé de dire au membre de la famille qui s'adresserait à lui : « Numérote tes parents pour que je les reconnaisse. »

C'est ainsi qu'il est difficile de démêler si, dans l'espèce, il y a vol comme le veut la loi. Ecoutons, du reste, le témoin Garreau :

Figurez-vous, messieurs, dit-il, que ces gens-là, c'est la plus drôle de famille… Vous allez voir, il y a de quoi rire. Le père Blancheton était veuf et avait un fils de vingt-deux ans ; c'était un vieux rigolo qui avait fait une vie de polichinelle, et qui noçait encore pas mal, et qui ne fichait jamais un sou à son fils. Alors voilà qu'il se trouve une veuve qui avait de quoi, et sa fille ; dont le père Blancheton dit à son fils : « Veux-tu nous marier? Il y a une veuve et sa demoiselle ; ça se peut. » Le fils Blancheton répond qu'il veut bien, et demande à son père de le présenter promptement à la demoiselle. Pour lors, le père Blancheton lui dit : « Ah! non, c'est pas toi qui épouses la demoiselle, c'est moi ; toi, t'épouses la mère. »

Ça défrisait un peu le fils Blancheton ; mais comme la mère avait le sac, il dit : « Je veux bien. » C'est bon, les deux mariages se font ; si bien que v'là le père Blancheton qui se trouve devenu le gendre de son fils, qui était, par conséquent, le beau-père de son propre père, vu que le père avait épousé censé la belle-fille de son fils, dont la fille devenait la belle-mère de sa mère… *(Rires dans l'auditoire.)*

M. le président. — Tous ces détails sont inutiles.

Le témoin. — C'est pour vous dire le galimatias; sans compter que la vieille qui avait un mari jeune, faisait tout ce qu'il voulait, et que, pour lors, le fils Blancheton, à son tour, ne fichait plus un sou à son père qui était son gendre, et que ça faisait du chabanais dans la famille.

M. le président. — Mais arrivez donc au vol.

Le témoin. — Voilà! c'était pour vous expliquer; pour lors, les deux ménages ont chacun un enfant, le père Blancheton une fille, et le fils un garçon, qui se trouve être le beau-frère de son grand-père, de même que la petite fille était... (*Rires dans l'auditoire.*)

M. le président. — Si vous n'arrivez pas au fait, je vais vous retirer la parole.

Le témoin. — J'y suis; c'était pour que vous compreniez; finalement qu'ils ont tous fini par se brouiller comme les menuisiers avec les nœuds de sapin, et qu'un beau jour le fils Blancheton a pincé à sa belle-mère qui était sa belle-fille, puisqu'il avait épousé la mère, et qui était devenue veuve par suite de la mort du père Blancheton, il lui a pincé les effets du défunt, vu qu'il dit qu'il est héritier de son père, et que la veuve dit que non, vu que le défunt était également le gendre de son fils, et que, par conséquent, il ne devait pas hériter; c'est donc de là qu'elle l'a accusé comme l'ayant volée : v'là l'affaire claire comme le jour et très simple.

Le tribunal a jugé que dans ces circonstances la prévention n'était pas établie, et il a acquitté Blancheton fils.

C'est ainsi que tous les degrés et tous les noms de parenté peuvent être bouleversés par des alliances à l'instar de la famille Blancheton.

LE PROFESSEUR DE RESPIRATION

S'il fallait rappeler le sort malheureux d'hommes de génie devenus immortels quand ils ont été morts, cela nous mènerait un peu loin. Ce n'est pas Goblard qui s'en plaindrait; certes, lui savant et méconnu comme tant de ses illustres prédécesseurs, mais les vulgaires bourgeois qui liront son procès trouveraient peut-être que sa découverte n'est pas sérieuse, et on aurait beau leur dire que

Salomon de Caux et tant d'autres n'ont pas, eux non plus, été pris au sérieux, ils persisteraient dans leur opinion.

Goblard est prévenu de mendicité.

M. le président. — Quelle est votre profession ?

Le prévenu. — Professeur.

M. le président. — Professeur de quoi ?

Le prévenu. — Professeur de respiration. (*Mouvement d'étonnement dans l'auditoire.*)

M. le président. — Qu'est-ce que c'est que cet état ?

Le prévenu. — Monsieur le président, j'ose dire que je pourrais être un des bienfaiteurs de l'humanité si mon système était connu et répandu, car alors, messieurs, vous verriez disparaître peu à peu cette horrible maladie qu'on appelle la phtisie pulmonaire...

M. le président. — Voyons, voyons ; laissons là votre découverte et expliquez-vous sur le délit de mendicité qui vous est reproché.

Le prévenu. — Monsieur le président, je nie formellement avoir mendié.

M. le président. — Vous alliez mendier à domicile, et c'est une des personnes chez lesquelles vous vous êtes présenté qui, ne pouvant pas se débarrasser de vos obsessions, vous a remis à un gardien de la paix.

Le prévenu. — Monsieur le président, ai-je ou non le droit de me défendre?

M. le président. — Sans doute, vous avez ce droit.

Le prévenu. — Eh bien, ma défense est toute dans ma découverte. Je maintiens que le jeu, habilement dirigé, des poumons donne de la force à cet organe essentiel. Vous me direz que l'être vivant a reçu de la nature les moyens de respirer; que l'enfant respire en naissant, etc., etc.; oui, tout respire, mais à tort et à travers, et, d'ailleurs, la maladie de la phtisie me donne raison; eh bien, messieurs, j'ai inventé un moyen de donner à la respiration naturelle une direction salutaire. Tenez!... je l'indique ici à tous : tous les matins en vous levant et tous les soirs en vous couchant (du reste, chaque fois que vous avez le temps), tenez-vous droit, cambrez-vous, avancez la poitrine, rentrez vos bras en arrière, puis aspirez longuement... comme cela... puis expirez ainsi... Avec cet exercice... (*La suite de la démonstration est couverte par les rires de l'auditoire.*)

Le prévenu (*avec dédain*). — Peuple d'imbéciles.

M. le président. — En voilà assez. Vous niez avoir mendié?

Le prévenu. — Je me suis présenté dans des maisons, oui, pour offrir mes leçons; diverses personnes m'ont présenté une pièce d'un franc, que je n'avais pas sollicitée, mais...

M. LE PRÉSIDENT. — Vous vous êtes échappé des mains de l'agent et vous avez pris la fuite ; puis, après une course de vingt minutes, vous vous êtes arrêté.

LE PRÉVENU. — Parce que j'avais perdu la respiration (*rires*) ; oui, je me sauvais, c'est un instinct naturel, l'instinct de la liberté ! Je ne suis pas un malfaiteur, je n'ai jamais subi de condamnation.

M. LE PRÉSIDENT. — Pardon ! vous en avez subi six pour mendicité, toujours.

LE PRÉVENU. — Toujours comme cette fois, oui ; si j'avais les moyens de faire 100,000 francs de réclame dans les journaux et d'ouvrir un cabinet luxueux où j'enseignerais l'art de respirer, je serais bientôt célèbre et riche...

M. LE PRÉSIDENT. — Laissez le tribunal délibérer.

LE PRÉVENU. — Et décoré.

Le tribunal condamne le professeur de respiration à quinze jours de prison.

LE PANTALON CAMÉLEON

Est-il exact qu'un nom ridicule puisse paralyser la carrière de l'artiste ou de l'écrivain le mieux doué? *Soulié* (sans *r*, il est vrai) est là pour prouver le contraire, et au besoin, d'ailleurs, quand on a le malheur de s'appeler Jacquot et d'être homme de lettres, on prend un pseudonyme. C'est ainsi que Jacquot est devenu Eugène de Mirecourt.

A plus forte raison quand on a reçu de son père

le nom de Bibi devrait-on, ou renoncer aux arts, ou renoncer au nom. Pourquoi Bibi n'a-t-il pas pris une de ces deux résolutions ? C'est ce que nous ne saurions expliquer. Toujours est-il qu'il attribue sa misère à cette particularité déplorable, et que l'infortuné musicien en est arrivé à n'avoir plus de pantalon ; or comme il est impossible de se présenter chez des élèves sans ce vêtement, l'une des plus belles conquêtes de la civilisation, l'infortuné virtuose a eu la faiblesse d'en enlever un chez un marchand d'habits, et il comparaît devant la police correctionnelle, pantalonné tout à neuf par l'administration.

Il avoue très franchement la soustraction qui lui est reprochée : Figurez-vous, messieurs, dit ce pauvre diable avec un accent lamentable, que j'étais dans une position très embarrassante ; j'ai quelques leçons de piano, eh bien, tout cela peut me faire une vingtaine de francs par mois. J'ai un nom qui me fait beaucoup de tort, messieurs ; si quelqu'un s'occupe de moi, naturellement on demande mon nom ; quand on dit que je m'appelle Bibi, les personnes se tordent de rire et ne veulent pas de moi Si bien qu'avec 20 francs par mois, il n'y a pas moyen de se tirer d'affaire.

Enfin, j'avais un malheureux pantalon qui avait d'abord été beurre frais ; au bout de deux mois, il était encore beurre, mais il n'était plus frais du tout. Je n'avais pas le moyen d'en acheter un autre, alors je le fais teindre en chamois, et ça me pousse encore quelque temps. Mais le voilà de nouveau immettable; toujours pas le sou pour le remplacer; voyant ça, je le fais teindre en vert bouteille; c'était faux teint, il pleut, j'attrape toute l'averse et, le soir, en me couchant, je m'aperçus que j'avais l'air d'une grenouille; alors je fais teindre mon pantalon en bleu indigo. Le teinturier me dit : Je crois que vous ferez bien de vous en tenir là, car je doute qu'il supporte une quatrième teinture. Ce brave homme croyait peut-être que c'était par caprice que je faisais passer mon pantalon par toutes les couleurs de l'arc-en-ciel; je vous prie de croire, lui dis-je, que j'en aimerais mieux un neuf.

Enfin, je le ménage bien, et en voilà encore pour trois semaines; mais les coutures blanchissaient; mon pantalon ne se faisait pas jeune. Chez mes élèves on commençait à me regarder d'un air de pitié, si bien que je dis au teinturier : « Essayons-en encore une, mettez-le-moi en noir. » Il me le teint en noir tout en me disant qu'il n'en répondait pas. En effet, le noir brûle. Quatre jours après, en me baissant pour ramasser un rouleau de musique que j'avais laissé tomber, mon pantalon craque au milieu de la rue. Heureusement, les pans de ma jaquette cachaient l'accident; mais j'étais très embarrassé; il m'était impossible de me présenter chez mes élèves, car, vraiment, je montre la musique, mais je ne sais pas trop ce que j'aurais montré!.

Alors, messieurs, le désespoir m'a pris; j'ai perdu la tête, et, passant devant une boutique de marchand d'habits, j'ai eu la mauvaise pensée... Ma main tremblait, je n'avais jamais rien volé à qui que ce fût; voilà la vérité, messieurs, faites de moi ce que vous voudrez.

Et l'auditoire, que la transformation du pantalon avait mis en belle humeur, ne riait plus à cette péroraison du malheureux artiste.

Le tribunal, usant d'une extrême indulgence, ne l'a condamné qu'à huit jours de prison.

Aussitôt après le prononcé du jugement, une brave femme s'avance et remet au pauvre Bibi le montant d'une collecte provoquée par elle, et qui sera plus que suffisante pour lui payer un bon pantalon, à cette époque où le besoin commence à s'en faire sentir.

LES ENVIES D'UN MARI DE FEMME GROSSE

Jocrisse disait que son père était mort en lui donnant le jour, ce qui ne peut pas être pris au sérieux; et cependant Bondonneau, qui n'est pas un Jocrisse, a des allégations de la même force. Il est prévenu d'un tas de petits vols, à raison desquels le voici en police correctionnelle.

M. le président. — Vous avez été arrêté en flagrant délit de vol d'un gilet à l'étalage d'un brocanteur.

Bondonneau. — C'est vrai, m'sieu, je l'avoue ; ça n'était pas pour le vendre, je vous le jure ; me trouvant sans argent et ayant absolument besoin d'un gilet... il commence à ne pas faire chaud...

M. le président. — On en a trouvé un chez vous.

Bondonneau. — Un gilet fait avec du drap de billard, oui ; mais je ne peux pas m'en servir ; il est si tellement vert que, chaque fois que je le mets, il me purge. (*Rires dans l'auditoire.*)

M. le président. — Singulière explication. On a saisi chez vous tout un bazar : un couteau à papier, un abat-jour, une bobèche en verre, un paquet de pains à cacheter, une photographie du shah de Perse, un pot de pommade...

Le prévenu. — Je m'en sers jamais ; j'ai pas de cheveux... on peut voir.

En effet, entre la tête du prévenu et une tête de veau, il n'y a guère de différence que dans les traits.

M. le président. — Un démêloir... (*Rires*), un tire-bouchon, un polichinelle. (*Nouveaux rires.*) Que vouliez-vous faire de tout cela ?... et j'en passe.

Le prévenu. — Rien, monsieur.

M. le président. — Comment, rien ?

Le prévenu. — Monsieur, on n'a peut-être jamais rien vu d'aussi extraordinaire que mon caractère ; tant que ma femme n'est pas enceinte (elle l'est de son quatrième), je suis comme tout le monde; dès qu'elle est enceinte, je fais un tas de petits vols; j'y comprends rien; c'est malgré moi; je vois quéque chose, n'est-ce pas? un supposé, le couteau à papier... J'ai pas besoin de ça; eh bien, n'y a pas, faut que je le prenne, et quand je l'ai pris, je le laisse là. Même, monsieur, que j'ai consulté quéqu'un là-dessus, qui m'a dit : Ça s'est vu, ça; il y a des hommes que quand leur femme sont enceintes, c'est eux qui ont les envies. (*Rire général dans l'auditoire.*)

M. LE PRÉSIDENT. — Celui qui vous a dit cela s'est moqué de vous, ou c'est vous qui vous moquez du tribunal.

LE PRÉVENU. — Oh! m'sieu, moi que pour ce qui est du respect à la magistrature, il n'y a pas mon pareil! Je vous assure que c'est un monsieur très respectable et très savant qui m'a dit ça... Monsieur... attendez donc... Monsieur...

M. LE PRÉSIDENT. — C'est inutile ..

LE PRÉVENU (*cherchant*). — J'ai son nom sur le bout de la langue; tout le quartier le connaît comme le « houblon. »

M. LE PRÉSIDENT. — Vous avez déjà subi plusieurs condamnations pour vol; légères, je dois le dire : huit jours, quinze jours, dix jours.

LE PRÉVENU. — Toujours pour des bêtises : une fois, une poire; une autre fois, deux huîtres; une autre fois, un fer à friser, et, monsieur, toujours quand ma femme était enceinte...

Le tribunal l'a condamné à un mois de prison.

LE PRÉVENU. — Que voulez-vous! je n'ai qu'un moyen, c'est que ma femme ne devienne plus enceinte; je tâcherai... (*On l'emmène.*)

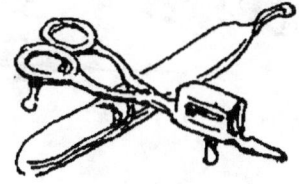

LA QUEUE DE LA CHEMISE

Que la mère qui n'aurait pas agi comme la veuve Bourdon lui jette la première pierre ! Mais soyez sûrs que, cette pierre, c'est au chien du boucher Rouillard qu'elle l'aurait jetée, comme l'a justement fait la veuve Bourdon.

Rouillard a vengé son chien, et le voilà en police correctionnelle pour quelques coups de pied envoyés à cette brave dame, là où s'envoie ce genre de coup, généralement plus humiliant que dangereux. Disons tout : la bonne mère, n'ayant pas obtenu avec l'envoi d'une pierre ce qu'elle attendait du chien, s'est mise à taper dessus avec une véritable rage; de là les représailles dont elle se plaint.

Cet animal était un de ces petits doguins comme en ont les bouchers, terribles quand il le faut, ne lâchant pas le morceau qu'ils tiennent dans leur mâchoire de fer (comme nous allons le voir tout à l'heure), mais ne perdant pas le privilège de la jeunesse : la gaieté. Or, Turban (c'est son nom) ne voulait que jouer, c'est hors de doute. La veuve Bourdon n'en croit rien, elle a vu son fils en danger, malgré les rires fous de la galerie, et voilà comment, de fil en aiguille, l'affaire a fini par un procès.

M. LE PRÉSIDENT. — Dites dans quelles circonstances, madame, le prévenu vous a frappée.

LA VEUVE BOURDON. — Ah! qu'il est bien tout ce qu'il faut pour faire un boucher !

M. LE PRÉSIDENT. — Bien, bien, expliquez-vous sans commentaires.

LA VEUVE BOURDON. — Eh bien, monsieur, voilà : je passais avec mon petit garçon, dont il avait un gâteau dans chaque main; un croissant de l'une (*Rires dans l'auditoire*) et une brioche de l'autre... Je ne sais pas pourquoi on rit, ça n'est pourtant pas si risible.

M. LE PRÉSIDENT. — Voyons, abrégeons; le chien

du prévenu a voulu manger les gâteaux de votre enfant, sans doute ?

La veuve Bourdon. — Oh ! c'est pas ça du tout ; voilà : mon petit avait la queue de sa chemise qui sortait de sa petite culotte, par derrière. (*Rires.*) Encore ?

M. le président. — Continuez donc, madame.

La veuve Bourdon. — Alors, monsieur... qui est bien tout ce qu'il faut pour être boucher, venait derrière nous avec son chien. Tout à coup, voilà mon petit qui jette des cris comme si on le déchiquetait en morceaux. Je regarde et qu'est-ce que je vois ?... le chien de monsieur qui avait attrapé la queue de la chemise de mon enfant... (*Ici la voix du témoin est couverte par les rires de l'auditoire. — Le silence rétabli, elle continue.*)

Et il tirait en arrière, et mon petit garçon tirait en avant pour se sauver ; plus il tirait de son côté, plus le chien tirait du sien, en faisant gnon, gnon, gnon ; mon enfant jetait des cris, que tout le monde était aux portes et aux fenêtres et qu'il se faisait un rassemblement. Je jette une pierre au chien, il n'y fait même pas attention, et il tirait toujours en grognant, et messieurs, tous ces gens-là, au lieu de délivrer un pauvre innocent, riaient à se tordre, jusqu'à monsieur qui pouvait faire lâcher son chien d'un mot, et qui riait comme un veau. Alors, voyant ça, j'envoie des coups de pied au chien, pensez ! j'étais comme une furie. Tout à coup, monsieur, je reçois des coups de pied au derrière : c'était cette horreur d'homme qui n'a ni cœur paternel, ni galanterie.

Le prévenu rit.

M. le président. — C'est entendu ; allez-vous asseoir, madame.

La veuve Bourdon. — Un seul mot, monsieur. Il n'y a pas eu moyen de faire lâcher le chien ; c'est un militaire qui se trouvait là, qui a coupé la queue de la chemise avec son sabre ; c'est comme ça que mon enfant a été délivré du monstre de chien de monsieur, qui a bien tout ce qu'il faut pour être un boucher.

Le prévenu reconnaît les faits en principe : On n'a pas idée, dit-il, d'une femme aussi bête que ça ; un chien de sept mois, c'est jeune, ça joue ; il voit une queue de chemise, il l'attrape pour jouer, et madame voyait bien que tout le monde riait et que mon chien jouait, c'te bête, c'est de son âge, et elle se met à le massacrer de coups de pied.

M. le président. — Il fallait appeler votre chien et ne pas frapper cette femme.

Le prévenu. — Oh ! frapper ! des coups de pied dans les jupons.

La veuve Bourdon. — Ah ! vous croyez que je ne les ai pas sentis.

Le prévenu. — Si on vous disait de faire voir les traces. (*Le prévenu rit.*)

La veuve Bourdon. — Voilà les procédés de monsieur ; après avoir battu les gens, il se moque d'eux.

Le tribunal a condamné le prévenu à trois jours de prison.

DU LATIN DE GENDARME

Comme gendarme, Marmodon aurait, jadis, cueilli simplement Guimauvier et l'aurait déposé dans la chambre de sûreté; comme ancien gendarme, il n'a pu que charger de ce soin un de ses ex-collègues; mais, pour Guimauvier, un gendarme ou un autre, cela lui est bien égal; il a outragé l'autre comme il aurait outragé l'un; de sorte que cela ne change rien à son affaire, devant le tribunal de police correctionnelle.

Un homme très bien, que l'ancien gendarme Marmodon. Il explique à l'audience que, fils du concierge d'un collège, il a reçu quelque instruction et même une teinture de latin, ce qu'il prouve, du reste, à l'occasion.

Marmodon, aujourd'hui marchand de vin, est entendu sur les faits qui ont amené l'arrestation de Guimauvier :

Je dois d'abord, dit-il, vous faire savoir, à la connaissance de la justice, ainsi qu'à celle de ces messieurs, que le nommé Guimauvier m'a fait d'horribles menaces, vu l'arrestation dont je l'ai opérée. C'est un homme très colérique et pas bon, que toute la commune en a peur. Je n'ai point répondu-z-à ses menaces, vu son manque absolu d'éducation, qui n'est point-z-en parallèle avec moi, ayant été un peu au collège par la circonstance que mon père y était concierge. D'ailleurs, des menaces et des grossièretés, ce sont de simples paroles dites à *verbe haut volant,* qui n'est point comme *crispa manette.*

M. LE PRÉSIDENT. — Voyons, voyons, expliquez-vous en français et racontez simplement les faits.

LE TÉMOIN. — Bien. Le nommé Guimauvier venait fréquemment dans mon établissement faire des consommations du meilleur vin-z-et des plus beaux lapins et même de l'oie et qu'il ne payait jamais, au point qu'il était-z-arrivé à me devoir

11 francs et diverses centimes. Si bien que je lui demandais fréquentement mon argent et qu'un jour il me fait une « basane » en me disant : Des mouchettes ! voilà ce que t'auras. Étant sans éducation et moi ayant fait mes études...

M. LE PRÉSIDENT. — Oh ! finissons-en avec vos études.

LE TÉMOIN. — C'était pour expliquer que je ne voulais pas compromettre ma dignité en correspondant de termes analogues.

M. LE PRÉSIDENT. — Eh bien oui, c'est entendu.

LE TÉMOIN. — Je me contentai de lui enlever son paletot et de lui dire : « Je vous le rendrai quand vous me récupérerez mon dû de 11 francs et diverses centimes, qui était ma condition *signée Canone.* » (*Rires dans l'auditoire.*)

M. LE PRÉSIDENT. — Vous faites rires à vos dépens. Encore une fois, cessez vos citations soi-disant latines.

LE TÉMOIN. — Alors, il me couvre des étiquettes les plus dégoûtantes, et je me contentai de le déposer paisiblement dans la rue.

M. LE PRÉSIDENT. — Comment, nous n'en sommes pas à l'arrestation ?

LE TÉMOIN. — Elle est du lendemain, et en voici la chose pourquoi : ayant des bêtes dans ma cour, oies, lapins et autres volailles, j'y descends le lendemain matin, et qu'est-ce que je vois de mon premier regard? une volatile plumée! Je la regarde, *ergo*, c'était un coq! Je cours au poulailler; qu'apercevois-je? sept poules également plumées vives, et je vois que pour s'introduire illégalement, on avait brisé une palissade séparatoire de la route; plus, sur le poulailler, un papier portant ces expressions : « Quand tu me rendras mon vêtement, je te rendrai celui de tes poules. » Vous comprenez, magistrats, qu'on a beau être calme, on ne peut pas laisser une pareille chose dans le *stato qu*. (*Rires*.)

M. LE PRÉSIDENT. — En voilà assez! allez vous asseoir.

L'ancien gendarme lettré retourne à sa place, très surpris de la gaieté qu'il a provoquée.

Le gendarme en activité fait connaître les outrages dont il a été l'objet, et le tribunal, après avoir entendu les explications de Guimauvier, l'a condamné à quinze jours de prison.

L'ARGENT D'UNE NEUVAINE

Un brave homme, voyant jouer *Tartuffe* pour la première fois, s'étonnait, en entendant le vers sur les accommodements avec le ciel, qu'un homme de génie comme Molière pût se servir d'une pensée si connue de tout le monde.

Après cette critique de Molière, nous aurions bien tort de nous gêner pour appliquer une citation absolument à sa place ici, qu'il s'agit d'un portier chargé de payer une neuvaine pour une de ses locataires et disant les prières lui-même ; c'est du moins ce qu'il déclare avoir fait, pour se justifier d'avoir employé en litres et en petits verres l'argent destiné à la paroisse.

La veuve Ramache explique ainsi l'affaire :
Messieurs, j'ai le malheur d'être locataire dans la maison dont cette infamie d'homme est portier.

Le prévenu. — Je me mets sous la protection de la magistrature pour être respecté par cette vieille personne.

M. le président (*au témoin*). — N'injuriez pas le prévenu, madame!

Le témoin. — C'est qu'aussi, monsieur, il n'y a qu'un cri contre cette créature-là, que tous les locataires en disent tout le mal possible, et que même si le propriétaire ne le met pas à la porte, nous donnerons tous congé à l'unanimité, et qu'en tout cas, pour ce qui est de moi, je le donne en masse, vu que ce n'est pas une existence que d'avoir une horreur de portier qui ne dégrise pas, l'ivrogne qu'il est.

Le prévenu. — Je porte plainte en diffamation.

M. le président. — Vous porterez ce que vous voudrez, mais, quant à présent, tâchez de vous taire, et vous, madame, arrivez tout de suite au fait dont vous vous plaignez.

Le témoin. — Voilà, monsieur. (*Au prévenu.*)

Vous avez beau me regarder avec vos gros yeux abrutis, vous ne me faites pas peur. Tenez, regardez-moi cette trogne, que ça n'est pas difficile de voir ce qu'il est.

M. le président. — Encore une fois, madame, je vous invite à arriver au fait.

Le témoin. — Eh bien, monsieur, le fait, c'est que j'ai des billets de la loterie de l'Exposition universelle et que, naturellement, n'est-ce pas, ça me ferait plaisir de gagner le diadème en diamants ou la calèche de M. Binder.

Le prévenu (*rire ironique*). — Oh! madame, avec un diadème et une calèche!

M. le président. — Voulez-vous vous taire?

Le prévenu. — Je me tais, mais c'est drôle comme ça irait bien à madame.

Le témoin. — Vous aimeriez mieux gagner une pièce de vin! Finalement, monsieur, que je me décide à faire dire une neuvaine pour gagner le gros lot.

Le prévenu (*entre ses dents en ricanant*). — Le diadème.

Le témoin. — Je m'arrange avec ma paroisse, et il est convenu que j'apporterai l'argent. Pour lors, me trouvant indisposée, je donne l'argent au portier pour le porter, et que voilà que j'apprends qu'on n'avait pas dit la neuvaine, vu qu'on n'avait pas reçu l'argent; donc monsieur avait bu les prières et qu'il faut que je recommence, vu qu'il n'y a rien de fait.

M. LE PRÉSIDENT (*au prévenu*). — Qu'avez-vous à dire?

LE PRÉVENU. — Mon président, j'ai à dire d'abord que ce que madame dit que les locataires disent, c'est si tellement faux, que même ils m'aiment tous comme un père.

M. LE PRÉSIDENT. — Il ne s'agit pas de cela, mais de l'argent qu'on vous a confié.

LE PRÉVENU (*continuant*). — Dont monsieur, tout ça vient que madame a une haine invétérée contre moi.

M. LE PRÉSIDENT. — Encore une fois, parlez-nous donc de l'argent qui vous a été remis pour en faire un emploi déterminé.

LE PRÉVENU. — Eh bien, je me suis déterminé à en faire l'emploi, étant tourmenté pour quelques dettes criardes.

M. LE PRÉSIDENT. — Que vous avez payées avec un argent qui ne vous appartenait pas.

LE PRÉVENU. — Il m'appartenait censé, puisque c'était pour des prières et que je les ai dites moi-même. Car, mon président, c'est même dégoûtant qu'on a l'air de me prendre pour un voleur et un homme bas dans ses mœurs, moi qui ai reçu de l'instruction, que j'écris comme un livre...

M. LE PRÉSIDENT. — En voilà assez.

Le prévenu. — Les points, les virgules, les trémas.

M. le président. — C'est entendu.

Le prévenu. — Que madame me doit dix fois plus en amendes, qu'elle n'en paie jamais une seule.

Le tribunal le condamne à deux mois de prison.

LE PIED DE COCHON

Prudhomme n'aurait pas manqué de dire du plaignant que, le jour où on l'a volé, il portait ses *lares* ailleurs, mais comme c'est un charcutier, il pourrait y avoir malendu et nous aimons mieux dire tout bêtement qu'il déménageait.

Or, c'est au milieu du remue-ménage qu'une femme lui a volé un pied de cochon farci.

Cette femme se présente au banc des prévenus dans un état de grossesse assez avancée et répand diverses larmes amères.

Le charcutier, armé d'un parapluie, avance à la barre, lève une main avec laquelle on pourrait faire la paire, prête serment et attend.

M. LE PRÉSIDENT. — Eh bien, déposez !

Le charcutier dépose son parapluie.

M. LE PRÉSIDENT. — Je vous dis de faire votre déposition.

LE CHARCUTIER. — Ah ! bon... excusez... voilà : vous comprenez que, car, messieurs, je suis au-dessus d'un pied de cochon, et ça n'est pas pour ça que je ferais jamais venir en justice une femme, même truffé et farci, sur le point d'être mère, comme l'était celui qu'elle a décroché, quand ça ne serait que pour l'enfant qui est innocent de ça et que je vends 20 sous ; ça n'en vaudrait pas la peine ; je me moque d'un pied de cochon, je lui aurais dit : Va te faire pendre ailleurs! et voilà tout ; mais profiter de ce que je déménage... Ah ! parce que j'oubliais de vous dire que je déménageais; alors, à ce moment-là, mon épouse et moi nous étions dans l'arrière-boutique pour donner un coup de main à passer l'armoire.

Tout à coup, v'là mon épouse qui dit : On nous vole ! J'y cours et je trouve madame garnie du pied de cochon. Je lui arrache le pied de la main en lui disant : Il faut que vous ayez bien peu de délicatesse! Pour lors qu'ayant fait un peu de tapage, ça a amassé une société et des sergents de ville qui ont arrêté madame; sans ça je lui en aurais tenu quitte pour lui avoir dit mon opinion sur ses procédés devant le monde.

M. le président (*à la prévenue*). — Vous reconnaissez le fait?

La prévenue (*baissant les yeux*). — Oui, monsieur.

M. le président. — Pourquoi avez-vous commis ce vol?

La prévenue (*à mi-voix*). — Etant dans une position où ces choses-là arrivent...

Le charcutier. — Ah! oui, elle m'a dit que c'était une envie ; faut croire qu'elle avait peur que son enfant ait un pied de cochon.

M. le président. — Taisez-vous.

Le charcutier. — Mais il n'aurait toujours pas été farci et truffé, le pied de son enfant.

Le tribunal condamne la prévenue à quinze jours de prison.

Le chaecutier. — J'en suis véritablement désolé, pour un simple pied; mais, comme j'ai lu dans les fables de La Fontaine :

> Laissez leur prendre un pied chez vous,
> Ils en auront bientôt pris quatre.

UNE AFFAIRE D'HONNEUR

Comme beaucoup de duels, celui de Cadoche et Limousin s'est terminé d'une façon pacifique, mais absolument inusitée, puisqu'on y a mis fin au moyen d'un coup de pied au derrière à chacun des champions, solution qu'on trouvera pourtant toute naturelle, quand nous aurons dit que nos duellistes ont, l'un douze ans, l'autre quatorze.

L'affaire d'honneur ainsi arrangée par un garde

forestier, il restait à régler par la justice la question de légitime propriété des pistolets devant servir à ce combat extrêmement singulier, et c'est pour s'expliquer sur ce point que les deux adversaires sont devant la police correctionnelle.

Vidons tout de suite la question des munitions, dont ils ont justifié la légitime possession, sans qu'il puisse, d'ailleurs, rester le moindre doute après l'explication des prévenus : ils ont acheté des pétards chez un épicier, les ont défaits et en ont retiré la poudre, puis ils ont pris une cuiller d'étain chez leurs parents, l'ont fait fondre et ont coulé des balles dans une coquille de noisette, travail de rude patience et qui indique chez les deux ennemis un bien vif désir de s'arracher mutuellement la vie.

Quelle est donc la cause grave qui a pu allumer chez les deux gamins ce désir sauvage? Le plus jeune, Cadoche, va nous la faire connaître : « M'sieu, dit-il au président, nous jouions aux billes; nous deux Limousin et un petit qu'on appelle Coco, qui fait trois. Alors, m'sieu, c'était moi le « preu, » Limousin, le « seg, » et le petit, le « ter, » dont, m'sieu, Limousin, qui était le « seg, » veut jouer le premier; j'y dis : « T'es que le « seg; » il me dit : « T'as triché! » — Oh! pas vrai, que je dis, je suis le preu et Coco le ter. Alors, monsieur, ça n'y fait rien, « il cale raide d'hauteur » sur ma bille et, m'sieu, je l'ai poussé. Alors, m'sieu, étant plus grand que moi, il m'a fichu une pile, dont moi, m'sieu, c'est de là que j'y ai dit : « C'est pas comme ça, il faut arranger ça en duel, » dont, m'sieu, n'ayant pas de pistolets, c'est lui qui les a volés pour nous battre.

M. LE PRÉSIDENT. — Est-ce que quelqu'un vous a conseillé de vous battre en duel?

CADOCHE. — Non, m'sieu, ça m'est venu tout seul; seulement que j'ai mon grand cousin qui est militaire et qui me disait toujours : Moutard, faut pas te laisser juguler ni molester; faut se battre comme un troupier; quand on t'insultera, fiche-toi un coup de torchon; a pas peur.

M. LE PRÉSIDENT. — Eh bien, le garde a parfaitement fait de vous traiter comme deux polissons.

CADOCHE. — N'empêche pas que si ç'avait pas été un vieux, il aurait vu si je m'aurais laissé insulter; j'y ai dit à lui-même; alors il m'a fichu un autre coup de pied.

M. LE PRÉSIDENT. — Il a continué à bien faire.

CADOCHE. — Je l'ai appelé grand lâche.

Après ce brave, Limousin n'a qu'un rôle bien effacé, et, interrogé sur le vol des pistolets, il reconnaît qu'il a volé deux vieux pistolets chez un ferrailleur.

Réclamés par leurs parents, ils leur ont été rendus.

Espérons que les deux adversaires sont tout à fait réconciliés; du reste, ils ont paru satisfaits du jugement, il y a lieu de croire que leur honneur ne sera pas plus difficile.

LA PENSIONNAIRE DE LA SAGE-FEMME

Malgré les révolutions démocratiques, le prestige de la couronne n'est pas encore près de s'évanouir ; couronne royale, impériale, ducale, voire même la couronne de rosière, exercent toujours une influence irrésistible. Comment s'étonnerait-on dès lors qu'une simple sage-femme l'ait subie?

Quant nous aurons dit que cette sage-femme, madame Toupillau, reproche à mademoislle Angéline Pochonet, qui fut sa pensionnaire, de la lui avoir faite à la couronne, il sera inutile d'ajouter que ce n'est pas de la couronne de rosière qu'il s'agit. Cette jeune personne avait aperçu, entre deux fenêtres d'un d'entresol, un tableau représentant une dame occupée à ramasser des petits enfants blottis sous des choux; au-dessous du sujet, étaient écrits ces mots : madame Toupillau, sage-femme de 1re classe, prend des pensionnaires.

Mademoiselle Pochonet, qui avait un chou à bébé, et cherchait justement un établissement du genre de celui exposé à ses regards, monte chez madame Toupillau, lui expose son cas, et on convient que, quand le chou sera mûr, la Lucine de l'entresol facilitera à M. ou à mademoiselle Pochonet son entrée dans le monde, de plus, lui procurera une nourrice, convention écrite en double sous les seings respectifs d'usage.

C'est à un jeune homme que la sage-femme a ouvert la porte des générations futures. La mère et l'enfant se portent bien; quant à madame Toupillau, elle se porte plaignante en escroquerie, et c'est ici que nous allons voir l'influence de la couronne.

Messieurs, dit la sage-femme, voilà la chose. Mademoiselle a vu mon enseigne où je suis représentée du temps de la révolution de février; elle monte et me dit : Madame Toupillau, combien que vous me prendrez pour quinze jours, tout compris?

— Je lui réponds : Madame, c'est 100 francs tout compris, payés d'avance, et je me charge d'avoir la nourrice. Les 100 francs, qu'elle me riposte, je ne marchande pas, mais pour d'avance, je marchande, vu que le père qui est un prince turc très riche et qui veut garder l'anonyme en ne venant pas ici, donnera des millions et des milliards pour son enfant, dont voici ses lettres avec la couronne.

En effet, elle me montre des lettres avec une couronne en tête, mais que j'ai su depuis que c'était la marque du fabricant de papier. (*Rires*.) Si bien que le prince turc ne voulant pas payer d'avance, et moi croyant ça en confiance, je reçois mademoiselle dans mon meilleur lit, qui me boit du bordeaux à faire trembler, et qui me mange du rôti, qui m'emprunte de l'argent et même du linge, pendant six semaines.

M. le président. — Je croyais que vous aviez traité pour quinze jours ?

La plaignante. — Oui, monsieur, mais j'ai continué à auberger et à dorloter mademoiselle, par rapport au prince turc, sans ça si ç'avait été pour un père ordinaire, mais naturellement, c'est comme la différence d'avoir affaire au bon Dieu ou à saint Crépin (*Rires dans l'auditoire*), qu'il y en a une fameuse.

M. le président. Enfin, comment tout cela a-t-il fini ?

La plaignante. — Ça a fini qu'un jour mademoiselle a joué la fille de l'air et que je ne l'ai plus trouvée en rentrant, et qu'ayant répondu à la nourrice de ses mois, qui répond paie, et que le petit, je ne lui en fais pas un crime, mais il tette d'une voracité, comme si c'était l'argent de sa mère ou de son père; pensez, à c't âge-là, on a bon appétit, et il vient comme une volupté, le pauvre petit malheureux qui se croit le fils d'un prince turc et que c'est peut-être un ferblantier illégitime et même pas tant.

M. le président (*à la prévenue*). — Qu'avez-vous à répondre?

La prévenue. — Si c'était à madame, je ne lui ferais seulement pas l'honneur de lui répondre, mais le tribunal, j'ai du respect pour lui. Madame a une enseigne, elle prend des pensionnaires, elle m'a prise; je lui dois son dû, je ne le nie pas; ce qu'elle m'a demandé, elle peut dire que je n'ai pas marchandé.

M. le président. — C'était bien inutile si vous ne voulez pas payer.

La prévenue. — Ça n'est pas de vouloir que ça me manque, c'est de pouvoir.

M. le président. — Soit, mais vous avez montré à la plaignante des lettres portant, disiez-vous, la couronne d'un prince, père de votre enfant, et c'était un timbre de fabrique.

La prévenue. — Les voilà les lettres, on peut les voir; mais pour ce qui est du prince, madame a rêvé ça; voyez si c'est possible de croire que c'est un prince qui a écrit ça (*lisant une lettre*) :

Ma chère Léline,

Je n'ai pas le sou pour le moment, mais je pense que d'ici à quelque temps le bâtiment va reprendre et que j'en aurai; la sage-femme te fera bien crédit; d'ailleurs, restes-y jusqu'à ce que j'aurai de l'argent.

Dimanche, je t'enverrai du saucisson par le petit Bréchot.

La plaignante. — Si vous m'aviez montré ça, j'aurais bien vu que ce n'était pas un prince turc qui attend que le bâtiment reprenne, et qui envoie du saucisson par le petit Bréchot.

La prévenue. — Je vous l'ai montrée.

M. le président (*à la plaignante*). — Vous n'avez donc pas lu la lettre ?

La plaignante. — Du tout, c'est mademoiselle qui me l'a lue; je m'en suis rapportée à elle; je n'ai vu que la couronne.

La prévenue. — Faut convenir, mam' Toupillau, que, pour une femme d'âge, je ne sais pas où vous avez pêché ça. Monsieur le président, vous comprenez que, dans ma position, fallait bien en sortir, n'est-ce pas? Je ne nie rien, je suis prête à faire un billet à madame.

La plaignante. — Oui, endossé par le prince turc.

Le tribunal a jugé que les manœuvres frauduleuses n'étaient pas suffisamment établies, et il a renvoyé la prévenue des fins de la plainte.

LE LAPIN RÉVÉLATEUR

La locution : « Plumer la poule sans la faire crier » est, chacun le sait, une simple figure de rhétorique ; dans la réalité, il est certain que la volaille qu'on plumerait vivante jetterait de beaux cris, ce dont personne ne s'étonnerait. Une chose moins connue du vulgaire, c'est le cri du lapin, qui, quand il reçoit le coup auquel il a donné son nom, sait, comme un vieux soldat, souffrir et se taire sans murmurer, et qui, quand on veut le prendre, pousse des clameurs à réveiller les gens endormis.

Après tout, il a l'exemple de l'anguille de Melun, qu'il imite en criant avant qu'on ne l'écorche ; après, par exemple, c'est excessivement rare.

Donc, le cri de ses lapins, en pleine nuit, a réveillé le père Nagel. Le brave homme a tiré un coup de fusil par sa fenêtre sur les voleurs qui s'en emparaient : peine et plomb perdus.

Les voleurs ont disparu, les lapins aussi ; ont-ils été, comme ceux de la chanson, mangés

>Avec la pau
>Avec la pau
>Avec la pauvre enfant !

C'est ce que Dieu sait et aussi ceux qui se sont offert une gibelotte aux frais du père Nagel; mais quels sont-ils ?

On accuse Conroux d'avoir fait le coup. Il nie comme un beau diable devant le tribunal correctionnel, et il s'agit de prouver sa culpabilité.

Deux complices faisaient le guet pendant qu'il opérait, à ce que prétend le père Nagel : « Je les ai parfaitement vus tous les trois, dit-il, vu qu'il faisait un clair de lune à voir comme en plein midi ; les deux guetteurs, je ne peux pas dire qui c'est, mais pour ce qui est du sieur Conroux, je l'ai vu comme j'ai l'honneur de voir la magistrature devant qui j'ai l'avantage de lui présenter mes respects. »

Conroux. — Monsieur Nagel, y a erreur de votre part, sans vous démentir.

Arrive madame Drouville, une voisine. Elle aussi a été réveillée par les cris des lapins; elle aussi s'est mise à sa fenêtre et, à la faveur de la lune, elle a parfaitement reconnu Conroux.

Conroux. — Madame se trompe idem, puisque, cette nuit-là j'ai couché chez mon camarade Gillot, étant arrivé chez lui à dix heures du soir, dont j'en suis sorti à quatre heures de relevée.

M. le président. — Comment de relevée?... du tantôt?

Le prévenu. — Non, du matin.

M. le président. — Vous dites de relevée.

Le prévenu. — Oui, parce que c'est l'heure où je m'ai relevé. (*Rires dans l'auditoire.*)

M. le président. — Oui, votre camarade Gillot a bien, en effet, déclaré que vous avez passé la nuit avec lui; mais, tout d'abord et avant de connaître le vol des lapins, il avait répondu aux gendarmes, qui lui demandaient depuis quand il vous avait vu, qu'il ne vous avait pas vu depuis le dimanche précédent : c'est plus tard, pour vous tirer d'embarras, qu'il a fait une déclaration concordant avec vos dires.

Le prévenu. — Enfin on ne m'en a pas trouvé de lapins; pas une queue, pas une patte.

M. le président. — Ceci n'est pas une raison. Il est d'ailleurs certain que deux témoins vous ont parfaitement reconnu.

Le prévenu. — A la nuit tous les chats sont gris, comme dit l'ancien.

M. le président. — Ces témoins ont déclaré que la lune était resplendissante, qu'on y voyait comme en plein jour.

Le prévenu. — Je ne veux pas dire de mal de la lune, mais faut pas qu'on nous la fasse au soleil, avec elle; je connais la lune aussi bien qu'eux.

Le père Nagel (de sa place). — Comme en plein jour!

Le prévenu. — Vous n'allez pas m'apprendre à connaître la lune.

Le tribunal, suffisamment éclairé sans cela, a condamné le prévenu à deux mois de prison.

VOUS ALLEZ RIRE

Bien qu'en fin de compte il y ait dans l'affaire une vieille dame tuée, le cocher qui l'a conduite nous prévient que nous allons rire, soit; après tout, cette vieille dame, personne ne la connaît; on ne sait ni qui elle est, ni ce qu'elle veut, ni où elle allait, et nous n'avons aucune raison de ne pas rire s'il y a de quoi, comme l'affirme le cocher. Voyons donc, mais méfions-nous.

. Ce cocher est prévenu de voies de fait, et voici ce qu'il raconte :

C'est venu d'abord d'une vieille dame que je trimbalais depuis au moins quatre heures, et que je me disais : « Y aura un bon pourboire, vu qu'elle avait des bijoux, des diamants, et que ça avait l'air d'une dame de la haute. »

Voilà qu'au coin de la rue d'Aboukir elle descend; à ce moment-là, voilà une charrette qui arrive et renverse ma voyageuse, qui est tuée net; vous allez rire.

M. LE PRÉSIDENT. — Le sujet prête, en effet.

LE COCHER. — Non, mais tout à l'heure. Je descends, le monde s'amasse, je m'amasse avec, et je me dis : « Avec tout ça, qui est-ce qui me paiera mes quatre heures? »

Là-dessus, arrive un monsieur... vous allez rire; il regarde la vieille dame et il vocifère : « Tiens! ma belle-mère! » dont je me dis : « Alors, je suis tranquille pour mes quatre heures. » Là-dessus, je dis au monsieur que c'était moi qui avais conduit madame sa belle-mère... C'est bon, on la remet dans la voiture, il monte avec, et il me donne son adresse. Arrivés à l'adresse, j'aide à monter la vieille dame, et j'attends, me disant : « Le gendre s'en rapportera à moi pour le nombre d'heures, d'autant qu'étant très content d'hériter, il ne liardera pas. »

C'est bon; il se met à dire : « Mon Dieu ! comment que je vas annoncer ça à mon épouse quand elle rentrera? » Moi, je vas à l'antichambre, ne voulant pas lui parler de mes quatre heures dans ce moment-là. Justement même que v'là la femme de chambre qui accourt, et qui dit : « V'là madame !... » Vous allez rire...

Là-dessus, le gendre réitère : « Mon Dieu ! comment que je vas apprendre ça à mon épouse? » Moi je me disais : « Avec tout ça, si j'étais payé, je m'en irais; » mais je pensais bien que le temps que j'attendais ça compterait.

Pour lors, v'là la dame qui voit des figures longues de ça et qui dit : « Mais quoi qui y a donc; mais quoi qui y a donc? » Vous pensez, n'est-ce pas, comme on lui a glissé la chose en douceur; pas moins fallait y aller. Dont en voyant ça, la petite dame crie : « Ah! maman!... ah! maman! » Vous allez rire... « Ousce qu'elle est? » qu'elle crie. Son mari lui dit qu'elle est sur le lit; elle y court, lui aussi, moi aussi; alors la petite dame regarde... Vous allez rire... Elle se précipite ventre à terre sur la dame écrasée, et elle dit : « Tiens ! c'est pas maman !... »

Si vous aviez vu la gueule du gendre..., qui n'héritait plus... (*Rires dans l'auditoire*) et la mienne, vu que j'étais refait de mes quatre heures (*Nouveaux rires*); naturellement, puisque ça n'était pas la belle-mère de monsieur, il ne me devait rien.

M. LE PRÉSIDENT. — Eh bien, s'il ne vous devait rien, pourquoi lui avez-vous réclamé de l'argent?

LE PRÉVENU. — Je lui ai réclamé depuis qu'il m'avait mis sa fausse belle-mère dans ma voiture, et idem le temps que j'avais attendu chez lui; là-dessus, il se fiche en fureur, et il me dit : « Qu'est-ce que vous faites ici? Est-ce que je vous ai dit d'attendre? » Je lui réponds que je n'avais pas osé me faire payer dans un moment si tellement triste. Là-dessus il me dit que j'étais un carottier, un filou, que j'étais resté exprès, et il veut me donner 30 sous. Je lui demande s'il se fichait de moi : d'abord qu'une personne défunte c'est plus cher qu'un simple voyageur. Alors il me dit : « Qu'est-ce que je vais faire de cette femme-là?... Portez-la chez le commissaire de police, et je vous donne 40 sous. » C'est donc de là que je n'ai pas voulu, qu'on s'est chamaillé, et que monsieur a cherché à me pousser dehors en m'offrant 30 sous, et que je me suis rebiffé.

M. LE PRÉSIDENT. — Il fallait le citer devant le juge de paix et ne pas le frapper.

LE PRÉVENU. — Si vous croyez, dans ces moments-là, qu'on perd son argent et qu'on vous bouscule avec ça, qu'on est maître de soi...

Le plaignant, entendu, déclare que, pour en

finir, il avait donné 3 francs au cocher, qui en voulait 6.

Le tribunal a condamné le prévenu à trois jours de prison.

UN DROLE DE VIDE-BOUTEILLES

Etant donné qu'on est marchand de vin, qu'on voit disparaître quotidiennement de sa cave des bouteilles de vin fin, qu'on suppose avoir été bues par ses garçons, et qu'on se dit : « Si je pouvais découvrir les bouteilles vides, ma preuve serait faite. » Arriver à cette découverte, voilà le *hic*.

Nous dirions bien que, dans l'espèce, il a fallu du nez, si cette image rabelaisienne n'était pas absolument usée ; mieux vaut donc laisser le marchand de vin raconter au tribunal correctionnel le singulier moyen qu'il a employé pour faire sortir la vérité de son trou, qui n'était pas un puits.

Ses deux garçons, Etienne et François, sont prévenus du vol d'un nombre de bouteilles de fin bordeaux, qu'il n'évalue pas à moins de cent, et qu'il estime à 8 francs chacune.

Depuis un mois, dit-il, je remarquais des disparitions de bouteilles de bordeaux dans ma cave ; ne pouvant parvenir à pincer le voleur, il me vint une idée. Je me dis : « Si le voleur est un de mes garçons, comme je le crois, le vin est bu à la maison ; donc, les bouteilles sont jetées quelque part, mais où ?... » Ayant cherché partout et n'ayant rien trouvé, je me dis : « On les jette dans les lieux ; je ne peux pas aller les chercher là, mais je peux pincer le voleur au moment où il en jettera une ; seulement, comment faire ? vu qu'il la cachera sous ses vêtements quand il ira au cabinet... »

Alors, voilà l'idée qui me vient : je prends un panier, je le descends avec une ficelle, dans la lunette, à une certaine profondeur ; je plante un clou dans le trou, aussi bas que je peux, pour qu'on ne voie pas le truc, et j'attache le bout de la ficelle au clou ; là-dessus je sors et je guette tous les gens qui allaient au cabinet, au cas où ça serait un autre que mes garçons qui me volerait mon vin ; sitôt que n'importe qui sortait du cabinet, je courais retirer mon panier, mais presque toujours ça n'était pas une bouteille que je trouvais dedans.

Enfin le 12 août, à huit heures du matin, voilà Etienne qui va au cabinet. Au moment où il en sortait, un consommateur le remplace ; j'attends, et quand le consommateur est parti, je retire mon panier et je vois que l'un était allé pour une bouteille, et l'autre comme n'importe qui ; la bouteille s'étant cassé le cou en tombant dans le panier, je vois qu'il restait encore un peu de vin dedans ; je le goûte, c'était de mon château-laffite... (*Rires dans l'auditoire.*)

Mais il se trouve que j'étais très embarrassé, me disant : « Qui est-ce, du garçon ou du consommateur, qui est venu pour la bouteille ou comme n'importe qui ? » Si bien que, voyant Etienne, je lui dis à tout hasard : « Je t'ai pris cette fois, c'est toi qui me voles mon vin, je vais aller chez le commissaire de police. » Pour lors, il me répond : « Si vous faites ça, je dénonce qui c'est. » Finalement qu'il me dit que c'était François : voilà !

Etienne. — C'est lui ; mais j'ai ni pris de vin, ni jeté de bouteilles.

Le marchand de vin. — Puisqu'il y en avait une dans le panier après que t'as été au cabinet.

Etienne. — Il y a été quelqu'un après moi ;

d'autant qu'à ce moment-là on vous a appelé et que vous avez été à la boutique.

Le marchand de vin. — Oui, mais je n'ai pas été plus de cinq à six minutes.

Etienne. — C'est assez pour que François ait pu aller au cabinet.

François. — J'y ai pas été.

Etienne. — Alors, c'est le client qui y a été après moi, si c'est pas toi.

On voit que l'affaire n'est pas claire.

Le tribunal, faute de preuves, a donc acquitté les prévenus.

C'est égal, le lieu de recel susindiqué est un vide-bouteilles d'un nouveau genre.

LA NAVETTE DES QUATRE SOUS

Les proverbes disent tant de choses qui ne se réalisent pas, qu'on aurait tort de s'étonner des démentis qu'ils reçoivent à chaque instant ; par exemple : « des goûts et des couleurs, il ne faut pas disputer. » Alors, de quoi disputera-t-on ? puisque ce sont les seuls prétextes à dispute. Nous avons encore : « les bons comptes font les bons amis ; » et, justement, c'est le règlement scrupuleux d'un compte qui a amené une rixe à raison de laquelle Poteu comparaît devant la police correctionnelle. Peu importe qu'il ait voulu faire ce compte avec Garigou, sur l'impériale d'un omnibus, on n'a pas toujours le choix du moment et du lieu pour le règlement du tien et du mien, et d'ailleurs la maxime de la Sagesse des nations n'impose, sur ce point, aucune obligation.

A la vérité, une discussion d'intérêts entre gens aussi complètement ivres que l'étaient Poteu et son ami n'est peut-être pas un bon compte dans toute la force du mot, mais, du moins, l'intention était bonne. Il n'y a guère que les voisins de l'impériale qui ont pu la trouver mauvaise.

Bref, Poteu est prévenu d'avoir donné à Garigou, outre son compte en argent, un appoint en calottes et coups de pied.

Voilà comment c'est venu, dit Poteu : J'étais à prendre un amer chez le marchand de vin, v'là Garigou qui entre, dans une ribote qu'on n'a jamais rien vu de pareil en Pologne.

GARIGOU. — Alors, tu ne t'es pas vu ce jour-là.

POTEU. — Oh! pas tant que toi.

GARIGOU. — Allons, allons, ça se balançait.

M. LE PRÉSIDENT. — Voyons, Poteu, expliquez-vous. Vous reconnaissez avoir frappé Garigou ?

POTEU. — C'est un fait, mais tout dépend comme c'est venu. Nous demandons à manger un morceau ; on nous donne du petit salé, une andouille.

M. le président. — Passez tous ces détails.

Poteu. — Bon. Alors nous passons la journée ensemble, déjeuner, dîner, les rafraîchissants ; y en a un qui paie ci, l'autre qui paie ça ; finalement que la pluie étant venue, nous montons sur l'omnibus et que je lui dis : « Voyons, faut régler nos comptes. »

Garigou. — C'était convenu que tu m'offrais le déjeuner et le dîner.

Poteu. — Oui, c'est ce que tu m'as dit, mais je t'ai répondu : « Le déjeuner et les consommations, oui, mais le dîner, c'est toi. » Alors, voilà qu'il se fâche et puis, il finit par dire : « Tiens, v'là 2 francs pour mon dîner, rends-moi 4 sous, vu que le dîner était de 36 sous chacun. » Bon, je prends la pièce et je lui rends 4 sous. — Et le café, que je lui dis, 16 sous, que j'ai payé et que c'est toi qui le devais. Bon, il me donne 20 sous et je lui rends les 4 sous qu'il venait de me donner. — Et le bitter, qu'il dit, que j'ai payé, 6 sous ! — Je lui en donne 10 et il me rend mes 4 sous. — Et l'omnibus que je lui dis, que je viens de payer, 6 sous ! Là-dessus, il me rend ma pièce de 10 sous et je lui rends ses 4 sous.

M. le président. — Mais la scène des coups, arrivez-y donc.

Poteu. — Voilà; c'était fini depuis longtemps... un bon moment... oh oui... au moins, lorsqu'il se met à dire : Et Ba-ta-clan, hier au soir, que j'ai payé, 36 sous chacun. Je lui donne 2 francs et il me rend mes 4 sous.

M. le président. — En voilà assez, oui ou non, l'avez-vous frappé ?

Poteu. — C'est-à-dire que, vexé de la crasse qu'il me faisait avec Ba-ta-clan, je jette les 4 sous dans la rue, j'attrape dans la figure un charbonnier qui se met à crier; j'étais exaspéré de ses ladreries des 4 sous qu'il me rendait, que je lui rendais, et puis l'Auvergnat qui me signale à un sergent de ville, tout ça de la faute à Garigou, qui s'est conduit comme un pingre et un liardeur, que c'est même dégoûtant : c'est comme ça que je lui ai tombé dessus, même qu'il a manqué de me fiche par-dessus la rampe, que tout le monde criait, le conducteur qui monte, le sergent de ville idem, enfin, voilà comme c'est arrivé.

Le tribunal condamne Poteu à huit jours de prison.

Poteu (*à Garigou*). — Je me suis rappelé que t'as payé quatre cigares à 2 sous; je veux rien à toi, v'là 4 sous.

M. le président. — Gardes, emmenez cet homme.

Poteu jette ses 4 sous dans le prétoire.

LES ÉCONOMIES DE BOUTS DE CHANDELLE

On dira peut-être, des économies de Morand, que ce sont des économies de bouts de chandelle, mais d'abord il s'agit de bouts de bougie ; ensuite, serait-ce même des bouts de chandelle que, quand on est, comme lui, maître d'hôtel garni, tenir à une certaine quantité de suif ne serait pas une économie si mal entendue.

Donc, notre logeur a dénoncé Ledoux, son garçon, comme lui escamotant, depuis pas mal de mois, tous les restes des bougies des locataires ; il est vrai qu'ils lui revenaient sous forme de bougies entières, ce qui prouve bien que Morand, en tenant à ses bouts, pensait au proverbe : « Les petits ruisseaux font les grandes rivières. »

Voici Ledoux en police correctionnelle.

M. LE PRÉSIDENT. — Vous êtes garçon d'hôtel, au service de Morand ?

LE PRÉVENU. — Depuis un an, oui, monsieur.

M. LE PRÉSIDENT. — Il a reçu, un jour, une lettre anonyme dans laquelle on l'informait que vous lui voliez tous les bouts de bougie de la maison.

LE PRÉVENU. — Je voudrais connaître l'individu qui a vendu la mèche. (*Rires.*)

M. LE PRÉSIDENT. — Une perquisition faite dans votre chambre a amené la découverte d'un assez grand nombre de ces bouts de bougie.

LE PRÉVENU. — Oh ! un grand nombre... une quinzaine.

M. LE PRÉSIDENT. — Une quinzaine, oui ; mais votre patron, dans le but de s'assurer si vous aviez quelque dépôt hors de sa maison, vous avait écrit une lettre anonyme.

LE PRÉVENU. — Oui, il avait contrefait son écriture.

M. LE PRÉSIDENT. — Que vous disait-il dans cette lettre ?

Le prévenu. — Il y avait : « Allez tout de suite, vous savez où; tout est découvert, vous êtes pigé. »

M. le président. — Et qu'avez-vous fait, alors?

Le prévenu. — J'ai couru chez un crémier où je consomme quelquefois, pour y redemander mon paquet.

M. le président. — Oui, un paquet rempli de bouts de bougie; votre patron vous avait fait suivre, et on vous a arrêté au moment où vous retiriez le paquet.

Le prévenu. — Ah! j'ai été bien pincé (*Rires*); il me l'a bien faite, le patron.

M. le président. — Mais voici la spéculation singulière que vous aviez imaginée : vous lui revendiez ses bouts de bougie à l'état de bougies entières.

Le prévenu. — Je les lui revendais... censé; seulement, quand j'allais en acheter chez l'épicier, au lieu de douze paquets, j'en prenais simplement dix.

M. le président. — Oui, et vous complétiez la douzaine avec vos bougies, cela revient au même; mais qui donc vous fabriquait ces bougies avec les bouts?

Le prévenu. — C'était moi.

M. le président. — Vous savez donc fabriquer la bougie?

Le prévenu. — J'ai été dans l'état.

M. le président. — Mais il faut des moules pour fabriquer les bougies.

Le prévenu. — J'en ai fait faire un ; alors, avec du coton que j'ai acheté, le soir, dans ma chambre, je fondais les bouts, et...

M. le président. — Nous comprenons.

Le tribunal délibère.

Le prévenu (*se frappant le front*). — Ah !

M. le président. — Qu'est-ce que vous avez?

Le prévenu. — Je sais qui est-ce qui a vendu la mèche, c'est l'ouvrier ferblantier qui m'a fait le moule.

M. le président. — Taisez-vous.

Le tribunal condamne le fabricant de bougies à quatre mois de prison.

Le prévenu. — Je te dirai deux mots à toi, ferblantier.

LE POLICHINELLE

Dans la catégorie des *raseurs*, il faut classer le monsieur de province ou de banlieue, qui n'aime pas à se déranger et, chaque fois qu'un de ses amis va à Paris, le charge de lui rapporter un objet quelconque qu'on ne trouve pas dans la localité. Tel est M. Maricot. Le *rasé* jusqu'au sang, c'est M. Boguenard.

Voulant s'affranchir une bonne fois des commissions de son ami, il a, un beau jour, si bien fait les choses qu'il en est résulté une scène qui amène devant la police correctionnelle, lui d'abord, puis M. Maricot, Léon son fils et un polichinelle.

Le papa s'avance à la barre, accompagné de Léon pendu à son paletot.

M. LE PRÉSIDENT. — Levez la main!

Le papa lève la main et le petit garçon en fait autant.

M. LE PRÉSIDENT. — Vous jurez de dire la vérité, toute la vérité et rien que la vérité?

M. MARICOT. — Je le jure.

LÉON. — Ze le zure.

M. MARICOT. — Tais-toi donc, Léon.

M. LE PRÉSIDENT. — Exposez au tribunal les faits dont vous vous plaignez.

M. MARICOT. — Messieurs, qu'il me soit permis, avant tout, de dire qu'il n'est pas possible de faire une aussi mauvaise plaisanterie que celle dont M. Boguenard m'a rendu victime. Je suis resté veuf, il y a un an, avec mon fils Léon que voici, qui avait alors quatre ans, et qui aujourd'hui, par conséquent, en a cinq.

LÉON. — Ah oui, mais z'en ai même encore plus que cinq ans.

M. MARICOT. — Chut! tais-toi donc.

M. LE PRÉSIDENT. — Votre petit bonhomme

pourrait rester au banc où vous étiez assis ; reconduisez-le à sa place.

M. Maricot. — Va t'asseoir là-bas.

Léon. — Non, ze veux voir.

M. Maricot. — Alors, tais-toi, ou le monsieur va te mettre en prison. (*Au tribunal.*) Il a cinq ans et un mois, mais ça ne fait rien au procès. Si bien que j'habite Saint-Denis, et que j'avais pour voisin et ami M. Boguenard, ici présent au banc des accusés. Comme je vais fort rarement à Paris, et que les affaires de M. Boguenard l'y appellent fréquemment, je le chargeais de temps en temps de quelques achats de première nécessité.

M. Boguenard. — De première nécessité !... Un polichinelle pour M. son fils, et tous les jours, tous les jours...

M. le président. — N'interrompez pas.

M. Maricot. — J'y arrive au polichinelle.

Léon. — Ze le veux, mon poricinelle.

M. Maricot. — Si tu ne te tais pas, tu iras en prison, ou tu périras dans le fin fond des gendarmeries. (*Au tribunal.*) Depuis longtemps mon petit garçon me tourmentait pour avoir un polichinelle ; j'en avais bien trouvé à la fête du Landy ; mais rien de convenable ; j'étais bien décidé à mettre une pièce de 5 francs. Je prie donc M. Boguenard de m'en acheter un beau, soit chez Giroux, soit au Paradis des Enfants, sans lui fixer de prix, lui recommandant seulement de le prendre bien habillé, bien articulé.

Léon. — Et qu'il aye de l'or dessus.

M. Maricot. — Le lendemain, M. Boguenard arrive chez moi, portant sous le bras la boîte que voici. (*Le témoin va prendre une boîte qu'il avait laissée à sa place.*) « Voilà, me dit-il, le polichinelle de Léon. » A ces mots, Léon se met à crier : « Donne ! donne ! » M. Boguenard, alors, ouvre la boîte, et en tire le magnifique polichinelle que voici. (*Le témoin tire un polichinelle plus grand que son fils.*)

Léon. — Donne ! donne !

M. le président. — Voyons, serrez cela ; vous troublez l'audience.

Léon. — Hi ! mon poricinelle, ze veux mon poricinelle.

Malgré ses cris, Léon est reconduit à la place qu'il occupait dans l'auditoire, le polichinelle est serré dans sa boîte et le papa peut continuer sa déposition : D'un coup d'œil, dit-il, je vis que M. Boguenard m'avait joué un mauvais tour ; le polichinelle remuait les yeux, la bouche, était admirablement articulé ; je me disais : il coûte au moins un louis ; à ce moment, M. Boguenard me présente la facture ; je bondis ; le joujou était de 80 francs ! J'étais furieux : c'était me dire : une autre fois tu ne me chargeras plus de tes commissions...

M. Boguenard. — Mais ça ne voulait pas dire autre chose.

M. le président. — Enfin, arrivons donc à la scène.

M. Maricot. — J'y suis, monsieur le président. Je dis nettement à monsieur qu'il m'avait fait une mauvaise plaisanterie et que je lui laissais son polichinelle pour compte. Monsieur s'emporte ; mon fils criait de toutes ses forces qu'il voulait son polichinelle ; M. Boguenard m'invective ; je veux le mettre à la porte ; alors il empoigne le polichinelle par les jambes et me le flanque de toutes ses forces à travers la figure. Je m'élance sur monsieur ; il m'allonge un formidable coup de poing dans le nez, en me disant : « Je vous fais cadeau du polichinelle. » Ne voulant pas de cadeaux, j'ai gardé le polichinelle, je le donnerai à mon fils quand il sera grand.

M. Boguenard. — Quand il sera marié.

Léon (*de sa place*). — Non. Ze le veux à présent, na !

M. le président. — Voyons, monsieur Boguenard, vous reconnaissez le fait ?

M. Boguenard. — Je ne le nie pas ; je dis seulement que monsieur est souverainement ridicule avec ses commissions ; il croit que je n'ai que cela à faire, et comme il a dix ou douze mille livres de rente, j'ai voulu le dégoûter de me charger de ses achats. Son refus de me payer m'a exaspéré. Je regrette ce qui est arrivé, mais je n'ai pas été maître de moi.

Le tribunal condamne M. Boguenard à 25 francs d'amende.

Léon. — Je veux mon poricinelle.

M. Maricot. — Chez nous !... pas dans la rue, tout le monde te suivrait comme le bœuf gras.

QUE FERONS-NOUS DE NOTRE FILS?

Depuis quinze ans qu'ils sont mariés, les époux Paneton n'ont eu qu'une seule querelle, ou plutôt qu'une même querelle, car, en effet, le motif en est invariable. Voici généralement comment la chose se passe :

Paneton, ouvrier maçon, rentre chez lui à sept heures pour dîner; il a le front soucieux, il se jette sur une chaise et dit : Sale métier! faut-il que les parents soient si bêtes de mettre leurs enfants

maçons... c'est pas mon fils qui sera maçon, oh non !
— Oh ! ça, t'as bien raison, répond madame Paneton, en trempant la soupe. — Il sera ébéniste, fait Paneton. — Oui, tâche ! ébéniste, jamais, dit la femme, il sera tourneur. — Tourneur ? réplique Paneton... c'est drôle comme j'en ferai un tourneur, merci ; je connais dix de mes connaissances qui ont mis leurs enfants tourneurs, ils ont tous mal tourné. — Oui, oh ! je sais bien que c'est un état que t'as dans le nez, mais je ne t'écoute pas, il sera tourneur. — Je te dis qu'il sera ébéniste. — Lui, mon fils, un pot à colle ? j'aimerais mieux l'étrangler de mes propres mains. — Ah ! mauvaise mère, marâtre, tu en es bien capable d'être la bourreaute de ton enfant. — Qu'appelles-tu bourreaute ? c'est bien plutôt toi qui es un mauvais père. — Moi ! je suis un mauvais père ? Ah ! gueuse !

Là-dessus Paneton saisit un objet quelconque, il le lance à la tête de sa femme, qui riposte par un autre projectile, et c'est à chaque instant comme ça.

Le curieux de l'affaire, c'est qu'ils n'ont pas d'enfants après quinze ans de mariage.

Bref, les cris : A l'assassin ! se font entendre ; les voisins accourent, rétablissent l'ordre, et s'en retournent, sachant que les voilà tranquilles pour vingt-quatre ou quarante-huit heures. Finalement, qu'un beau jour, ils sont allés se plaindre au commissaire de police, et voilà les époux Paneton en police correctionnelle.

Le témoin Blanchard dépose. — Paneton et sa femme, c'est les plus braves gens qu'on peut voir, mais ils ont toujours la même querelle qui est si bête comme leurs pieds, que ça en serait même risible si ça n'était pas du bataclan dans la maison, que des fois ils passent toute la nuit à se battre. Figurez-vous qu'ils ne sont pas très jeunes et qu'ils ne peuvent pas avoir d'enfants; alors ça leur aigrit le moral, mais c'est pas la faute du voisinage qui leur a dit assez de fois : Si vous faites encore des vies comme ça, nous irons chez le commissaire; d'autant que plus ils avancent en âge, et moins ils ont l'espoir d'avoir un enfant.

Madame Paneton. — C'est vous qui se trompe, monsieur Blanchard; faut pas parler sans savoir.

Blanchard. — Sans savoir quoi?

Paneton. — Vous verrez ça dans quéque temps.

Blanchard. — Ah! faut vous dire, monsieur le président, que je ne sais pas si c'est la plainte au commissaire, mais depuis ce temps-là ils sont gais comme des *poinçons*.

Paneton. — C'est pas la plainte au commissaire, vous saurez pourquoi dans huit mois. Mon président, je vous jure que nous n'aurons plus de querelles, j'en lève la main.

Madame Paneton. — Oh! et moi les deux.

M. le président. — Vous troublez la tranquillité de vos voisins par un scandale journalier, et cela à propos de l'état que vous donnerez à un enfant que vous n'avez pas.

Paneton. — Oh! maintenant, plus de danger.

Le tribunal a prononcé contre chacun des époux Paneton une simple amende de 5 francs pour tapage injurieux et nocturne.

Paneton. — Quand on voudra je paierai.... mais il sera ébéniste. (*Il se dirige vers la sortie.*)

La femme Paneton. — Il sera tourneur.

M. le président. — Faites sortir ces gens! Est-ce qu'ils vont recommencer ici?

Ils sortent.

Il sera tourneur ou ébéniste, c'est évident; mais si c'est une fille!

UN AIMABLE BEAU-PÈRE

Il faut que Rouquet soit fièrement amoureux de mademoiselle Sébillon pour avoir souffert si longtemps, avant de se plaindre, des mauvais procédés de celui dont il aspirait à devenir le gendre; mais il n'y avait plus moyen d'y tenir, qu'on en juge plutôt :

Rouquet est un marchand de vin. Il faut, dit-il, que le père Sébillon m'ait aussi considérablement poussé à bout, voyez-vous, messieurs, que si je vous disais tout, nous coucherions ici.

M. LE PRÉSIDENT. — Dites-nous seulement les faits qui ont motivé votre plainte.

SÉBILLON. — Traîner devant les cours et tribunaux les cheveux blancs qu'on en veut faire son beau-père?

M. LE PRÉSIDENT. — Vous vous expliquerez tout à l'heure.

SÉBILLON. — C'est tout expliqué : c'est la boisson.

ROUQUET. — Père Sébillon, j'en suis fâché, mais...

M. LE PRÉSIDENT. — Parlez au tribunal.

ROUQUET. — C'est d'autant plus affligeant pour moi, que le père Sébillon est une vieille pratique.

SÉBILLON. — Tu me traites de vieille pratique.

ROUQUET. — Comme ancien client; car, messieurs, je suis marchand de vin, et c'est le père Sébillon qui m'a étrenné dans mon commerce. Mais beaucoup de clients comme lui vous réduiraient à la mendicité la plus indigente, vu la quantité qu'il consomme et qu'il ne paie jamais.

M. LE PRÉSIDENT. — Mais dites donc quels coups il vous a portés et à quel propos.

ROUQUET. — Mais, monsieur, à propos de rien du tout : il entre chez nous, n'est-ce pas, pochard comme une vieille grive; il me demande un verre;

moi, ne voulant pas donner à boire aux gens qui en ont assez...

Sébillon. — Cornichon! (*Rires.*)

M. le président. — C'est intolérable! Je vous invite à vous taire.

Sébillon. — Avec reconnaissance.

Rouquet. — Eh bien, monsieur, v'là le bonhomme tout craché, vous l'entendez. Pour lors, quand je lui dis ça, comme un marchand de vin doit faire, qui a de la délicatesse, savez-vous ce qu'il fait? Un jour, il enlève le dessus de marbre d'une table et il me l'envoie à la tête, que j'ai saigné du nez et de l'oreille; c'est dégoûtant. Un autre jour...

M. le président. — Mais arrivez donc à la scène du 16 janvier.

Rouquet. — J'endurais tout ça comme étant amoureux de sa demoiselle. Finalement, que ce soir-là il a pris une barre de fer qui servait à fermer la boutique, et il m'en a fichu un coup. Ma foi, comme c'était la treizième ou quatorzième fois qu'il manquait de m'assommer, vous comprenez que, voyant passer un sergent de ville...

M. le président. — Vous deviez épouser la fille de Sébillon?

Rouquet. — Je le veux toujours, mais il ne voudra plus.

Sébillon. — La veux-tu? (*Rires.*)

5.

Rouquet. — Père Sébillon, j'ai l'honneur d[e] vous demander sa main.

Sébillon. — Retire d'abord ta plainte.

Rouquet. — Je la retire.

Sébillon. — Je te l'accorde.

M. le président. — Cela ne vous justifie pas comment, voilà un homme que vous avez faill[i] plusieurs fois assommer...

Sébillon. — Devant être mon gendre...

M. le président. — Eh bien, il faut l'assom[m]er?

Sébillon. — Le vin, mon juge...

Rouquet. — Je me désiste.

Sébillon. — Je n'ai qu'une parole : tu l'es.

M. le président. — Le ministère public ne s[e] désiste pas.

Le tribunal condamne Sébillon à six jours d[e] prison.

Sébillon. — Je te l'accorde tout de même.

Rouquet. — Parce que vous êtes à jeun, et quan[d] vous serez en ribote... Mais je m'en fiche : vou[s] savez, votre fille est majeure depuis quinze jours, et on se passera de vous.

LA PENDAISON DU PÈRE MARTIN

Il y a encore, à l'heure qu'il est, des gens convaincus qu'on n'a pas le droit de décrocher un pendu, même vivant encore, sans l'assistance d'un représentant de l'autorité; beaucoup vont jusqu'à le désigner par son titre et n'hésiteront pas entre la dépendaison d'un malheureux dont ils pourraient sauver la vie, et cette opération faite légalement, mais tardivement, en présence du juge de paix.

Brid'oison, d'ailleurs, eût été de cet avis; aussi cet ami de la forme est-il resté le modèle du parfait fonctionnaire, du parfait bureaucrate et du parfait imbécile.

Un de ses descendants, nommé Martin, a poussé le scrupule de la forme jusqu'à laisser son père accroché par le cou; heureusement pour le bonhomme, il est sorti sain et sauf de sa tentative de suicide, et là n'est pas la raison du renvoi de son fils devant la police correctionnelle : il est prévenu de rébellion et d'outrages aux agents, dans les circonstances que va faire connaître la concierge de sa maison.

Enfin! dit cette brave femme, ils ne sont plus chez nous et la maison en est dépoisonnée, Dieu merci. Que le mal que je leur veux m'arrive, mais, ma parole d'honneur, j'aimerais mieux être condamnée à gratter des salsifis toute ma vie, du matin au soir, que d'être condamnée à rester la concierge de locataires aussi agréables et mal élevés que les Martin.

M. LE PRÉSIDENT. — Bien, bien! exposez les faits.

LA CONCIERGE. — Voilà!.. ça a beau être du vilain monde, il y a tout de même, des fois, à rire comme des bossus de leurs bêtises, que, quand ça me revient, j'en ris encore abondamment.

M. LE PRÉSIDENT. — Encore une fois, arrivez aux faits.

La concierge. — C'est venu, parce qu'il faut vous dire que le père et le fils ont l'habitude de se pocharder ensemble; qu'ils rentrent sept fois par semaine à des je ne sais quelle heure; seulement jamais le père et le fils ne se grisent avec d'autres.

M. le président. — C'est très touchant, mais enfin que s'est-il passé ?

La concierge. — Ainsi, v'là mon mari, ça lui arrive comme à un autre, mais jamais avec son fils. Voilà ! j'y suis. Pour lors, ce soir-là, ils rentrent donc le lendemain, à deux heures du matin, dans leur état coutumière. J'entends dans l'escalier : pouff ! brrr ! c'étaient eux qui dégringolaient d'un étage; ils se relèvent, montent chez eux; alors, le père Martin, qui a toujours de drôles d'idées quand il a du vin, prend une corde et se pend au plafond. J'ai su ça par le fils qui arrive et qui me dit : « P'pa s'est pendu, allez donc chercher un juge de paix, » aussi tranquillement que s'il m'aurait dit d'aller lui acheter un sou de moutarde ou un timbre-poste. « Mais, malheureux, que je lui dis, pendant ce temps-là, votre père n'y sera plus. — Je sais bien, qu'il me dit, mais j'ai pas le droit. » Je réveille mon mari, nous montons au grand galop et nous voyons le père Martin qui se débattait au bout de sa corde, vu qu'ayant fait des réflexions, il cherchait à se dépendre. Nous le décrochons, il boit une goutte d'eau-de-vie et le v'là remis, dont là-dessus nous retournons nous coucher.

Au bout de... pas mal de temps... au moins! v'là un branle-bas dans la maison, des cris : « A l'assassin ! » Nous nous rhabillons, nous remontons chez les Martin ; c'était le père qui fichait une pile à son fils, et le fils qui nous crie : « Allez chercher la garde ! » Nous allons donc chercher des agents que nous revenons avec et qu'ils vont pour arrêter le père qui tapait toujours sur son fils. Alors, v'là le fils qui ne veut pas qu'on arrête son père et qui tombe sur les agents dont ils les ont arrêtés tous les deux, mais qu'on a relâché le père comme n'ayant pas fait de résistance.

Tel est le fait.

Martin fils, n'en ayant aucun souvenir, se borne à alléguer son état d'ivresse.

Le tribunal l'a condamné à quinze jours de prison.

Que va faire, pendant ce temps, le bon père qui ne se grise jamais sans son fils? Comme ce n'est sans doute pas un vœu, il se grisera probablement tout seul, en attendant son compagnon.

L'IDÉE FIXE D'UN MARI

A défaut de variété dans l'invention, Perchet a une grande suite dans les idées ; pour le moment, son idée fixe est d'être séparé judiciairement de sa femme. Tous deux sont devant la police correctionnelle, qui n'a rien à voir à cela, mais peu lui importe, il ne perd pas de vue son idée ; il est d'ailleurs doué d'une intelligence dont il va nous donner un échantillon.

Madame Perchet, prévenue d'adultère, est une gaillarde (naturellement) aux yeux noirs et étincelants, au nez busqué, à la lèvre ombragée, au geste impérieux. Son mari, lui, a tout le physique de l'emploi : c'est un petit homme grêle et même grêlé, ayant la voix d'un bossu qui aurait avalé un mirliton un jour d'orage. Au demeurant, sans fiel, n'en voulant pas autrement à sa femme, mais ayant des guêtres.

M. LE PRÉSIDENT. — Persistez-vous dans votre plainte ?

Perchet regarde M. le président comme s'il lui parlait patagon, et ne répond pas.

M. LE PRÉSIDENT. — Est-ce que vous n'entendez pas?

PERCHET. — Je ne fais que ça.

M. LE PRÉSIDENT. — Eh bien alors, répondez! Persistez-vous ?

Perchet regarde sa femme, qui lui fait un signe négatif.

PERCHET (*à mi-voix*). — Non!... Faut que je dise non.

MADAME PERCHET (*bas*). — Oui.

PERCHET (*au tribunal*). — Oui.

MADAME PERCHET (*vivement*). — Mais non.

M. LE PRÉSIDENT. — Voulez-vous vous taire et laisser répondre votre mari! (*Au plaignant.*) Vous persistez dans votre plainte ?

Perchet. — Heu... oui... non... je demande la séparation.

M. le président. — Le tribunal correctionnel ne prononce pas de séparation.

Madame Perchet (*bas à son mari*). — Tribunal civil.

Perchet (*tendant l'oreille*). — Hein?

M. le président. — Voyons, il faut en finir; oui ou non, persistez-vous?

Perchet. — Dame! j'ai ma femme qui me fait un tas de signes; ça m'embarbouille.

Madame Perchet (*bas*). — Retire ta plainte.

Perchet. — Bon. (*Au tribunal.*) Je retire ma plainte. (*A sa femme.*) C'est ça?

Madame Perchet. — Oui.

Le tribunal, sur le désistement du mari, renvoie madame Perchet des fins de la plainte.

Perchet. — Alors, nous v'là séparés?

Madame Perchet. — Mais la séparation ne regarde pas ces messieurs.

M. le président. — Retirez-vous!

Perchet. — Mais mon épouse m'a dit qu'on ne pouvait pas avoir à la fois la condamnation et la séparation; que c'était l'un ou l'autre; alors, voulant la séparation... si c'est comme ça, je ne me désiste pas.

M. le président. — Il est trop tard, retirez-vous!

Madame Perchet. — Ça regarde le tribunal civil.

Les deux époux se dirigent vers la sortie.

Perchet. — Alors je vas porter une plainte en adultère devant le tribunal civil.

Madame Perchet. — Ça ne le regarde pas.

Perchet (*revenant et exalté*). — Comment! l'adultère ne regarde pas le tribunal civil!...

L'huissier le prend par le bras.

Perchet (*résistant*). — La séparation ne regarde pas la correctionnelle! c'est donc alors les prud'-hommes, le juge de paix, le conseil de guerre?

On le met à la porte, aux rires de l'auditoire.

UN VESTIAIRE A TOUT RECEVOIR

Jamais gardien de vestiaire de théâtre ne fut certes aussi surpris que celui que nous allons entendre, à la vue des objets qui lui ont été déposés par Cabassa en entrant au spectacle.

Cabassa est prévenu de vol.

Le gardien du vestiaire. — Il pouvait être dix heures un quart, le spectacle était aux trois quarts joué et tout le monde était rentré de l'entr'acte

depuis une bonne demi-heure, quand voilà (
individu qui arrive la figure tout à l'envers et q
me dit : « Voulez-vous me prendre ça ? » Alors
me dépose d'abord un gros paquet très lourd, pu
une paire de bottes. Je le regarde comme s'il
fichait de moi; il dépose ensuite une lampe et fin
lement un cor de chasse (*Rires bruyants dans l'a
ditoire*), et il me demande un numéro. Je lui di
« Est-ce que vous me prenez pour votre jouet ?
Comment ça ? me dit-il. — Oui, oui, allez don
avec vos farces; c'est un pari que vous avez fai
allons, voyons, fichez-moi le camp. » Il me répor
qu'il va à la campagne pour aller chasser, que
train ne part qu'à minuit et demi et qu'il vient a
spectacle en attendant l'heure.

Voyant à sa figure qui était toute je ne sais con
ment, je me dis : c'est un fou; alors je fais cel
qui n'a pas l'air et je lui donne un numéro; sit
qu'il a passé le contrôle, je cours avertir le contr
leur que c'est un fou qui vient d'entrer et qu'on
surveille de près; alors le contrôleur envoie le sou
contrôleur pour voir où l'individu se plaçait, et m
je sors pour chercher des sergents de ville et l
prévenir qu'il y a un fou; j'en trouve un, je l
conte la chose et il allait me suivre quand voi
deux autres sergents de ville qui arrivent en rega
dant de tous côtés et l'un disait : « Je viens seul
ment de le perdre de vue, » et ils demandent a

sergent de ville qui venait avec moi s'il avait vu un homme comme ça et comme ça qui se sauvait. Moi alors, je dis : Un homme comme ça et comme ça ? c'est le fou ; il vient d'entrer au théâtre. « Un fou ? que répondent les agents ; mais non, c'est un voleur. » Finalement que nous avons entré et tout dit au contrôleur ; alors, on a trouvé l'individu et on l'a arrêté.

M. LE PRÉSIDENT (*au prévenu*). — Vous reconnaissez avoir soustrait frauduleusement les objets saisis au vestiaire ?

LE PRÉVENU. — J'ai rien soustrait du tout.

M. LE PRÉSIDENT. — Ah ! Alors, d'où provenaient-ils ?

LE PRÉVENU. — Ils proviennent qu'ils sont à moi ; on dit que je les ai volés. A qui que je les ai volés ? Qu'on me montre celui à qui que je les ai volés.

M. LE PRÉSIDENT. — Vous êtes une espèce de vagabond, couchant à la nuit, tantôt dans un garni, tantôt dans l'autre. De quelle utilité étaient pour vous ces objets ?

LE PRÉVENU. — Des bottes ?

M. LE PRÉSIDENT. — Admettons les bottes, si vous voulez ; mais d'abord, elles étaient neuves.

LE PRÉVENU. — Parce que je les avais pas encore mises.

M. LE PRÉSIDENT. — Où les avez-vous achetées ?

Le prévenu. — A un de mes amis qui avait besoin d'argent, dont c'était comme d'hasard.

M. le président. — Comment se nomme-t-il, votre ami?

Le prévenu. — Je sais pas son vrai nom; on l'appelle Nez-de-Chien.

M. le président. — Et la lampe?

Le prévenu. — Eh bien, est-ce qui faut pas voir clair? Dans les garnis on vous éclaire peu.

M. le président. — Et le cor de chasse?

Le prévenu. — Je l'ai trouvé dans le bois de Boulogne; je pense que c'est des chasseurs qui l'aura perdu.

M. le président. — Des chasseurs à cor dans le bois de Boulogne?

Le prévenu. — Je sais pas, moi.

M. le président. — Ainsi, en admettant comme vérités tous ces grossiers mensonges, vous vous promenez à dix heures du soir avec une lampe, un cor de chasse, une paire de bottes et un paquet.

Le prévenu. — Parce que je changeais de garni ce jour-là.

M. le président. — Mais vous êtes entré au spectacle?

Le prévenu. — Parce que j'ai profité d'une contre-marque qu'on me l'a offerte pour 8 sous; que si j'étais un voleur, faudrait donc que je soye bête à en manger sur du pain, d'aller mettre tout ça au bureau des cannes si ç'avait été volé.

M. LE PRÉSIDENT. — Parce que, vous voyant sur le point d'être pris par les agents, vous avez perdu la tête.

LE PRÉVENU. — J'en reviens toujours là : ous ce qu'est les personnes que j'ai volées ? Je connais que ça.

Le tribunal le condamne à deux ans de prison.

LE PRÉVENU. — Ah ben, elle est drôle qu'on me condamne sans la personne que j'ai volée.

Les gardes l'emmènent.

LE PRÉVENU. — Non, mais elle est drôle.

L'ENTERREMENT D'UN AMI

Hippocrate ordonne que, pour sa santé, l'homme s'enivre une fois par mois ; Babion, comme Scaramouche, pour bien observer l'ordonnance, fait trois répétitions par semaine, au moins, et il ne s'en porte pas mieux pour cela, si l'on en croit ses plaintes devant le tribunal de police correctionnelle.

Il est prévenu de récidive d'ivresse ; on pourrait même dire d'archirécidive.

Par une pluie à ne pas mettre une grenouille dehors, des agents l'ont trouvé couché, en pleine nuit, sur les marches du Tribunal de commerce ; si bien qu'il n'a eu que la rue à traverser pour aller au Dépôt, sans cela il eût fallu une voiture pour l'y conduire.

Telle est du moins la version des agents; lui prétend qu'il n'était qu'ému. Voilà, dit-il : ayant perdu un ami, que nous l'avions conduit à Montpernâsse, on avait entré en revenant chez le marchand de vin ; on avait mis les petits canons dans les grands, alors je me suis trouvé un peu *éméché*, simplement.

L'AGENT. — Il était tellement ivre que, quand nous l'avons éveillé, il a demandé à bénir ses enfants. (*Rires dans l'auditoire.*)

BABION. — Ça prouve que je suis bon père, mais pas que j'étais soûl, et je ne permets à personne, pas plus qu'à autrui...

M. LE PRÉSIDENT. — Vous n'avez ici rien à permettre ou à ne pas permettre.

BABION. — Je le retire. (*Très poli.*) Mon agent, vous avez eu l'erreur (un autre dirait la bêtise... mais je vous respecte), vous avez eu la bêtise de croire que j'étais en ribote, tandis que j'avais de la souffrance, vu que je suis criblé d'un tas de choses : des rhumatismes, à ne plus savoir où les mettre, des coliques, que le sacrifice d'Abraham n'est rien à côté. (*Rires dans l'auditoire.*)

M. LE PRÉSIDENT. — Taisez-vous. (*A l'agent.*) Il ne vous a pas insultés?

L'AGENT. — Non; seulement, en nous reconnaissant, il a poussé une espèce de cri de fureur.

LE PRÉVENU. — Je le retire et je vous prie de le considérer comme de joie.

L'agent va s'asseoir.

M. LE PRÉSIDENT. — Enfin, que faisiez-vous sur les marches du Tribunal de commerce, en pleine nuit, par une pluie battante, si vous n'étiez pas ivre?

LE PRÉVENU. — Mon président, je ne voudrais pas vous abuser, ça serait plat.

M. LE PRÉSIDENT. — Voyons, répondez!

LE PRÉVENU. — Je m'étais assis là pour m'arracher une dent (*Rires.*) Tenez, la v'là! il n'y a pas de quoi rire. (*Il cherche sa dent dans toutes ses poches.*)

M. LE PRÉSIDENT. — C'est inutile. Asseyez-vous.

LE PRÉVENU (*relevant sa lèvre avec les mains*). — Tenez, v'là le trou... on le voit.

M. LE PRÉSIDENT. — Asseyez-vous.

Le prévenu s'assied, mais continue à montrer l'alvéole de sa dent absente au tribunal, au greffier, à l'huissier, au gendarme et à l'auditoire.

Le tribunal le condamne à deux mois de prison, 16 francs d'amende et deux ans d'interdiction de ses droits civiques.

UNE POSTURE ENCOMBRANTE

Le raisonnement du jeune Péroux est... nous allions dire une « impasse, » mais il s'agit d'une prévention d'outrage à la pudeur, et « cercle vicieux » est plus en situation.

La victime de cet épicurien de dix-sept ans est la veuve Létui qui en a quarante-huit. Elle a dû être très croustillante à l'époque de la révolution de Février; aujourd'hui, sa beauté et sa taille ont disparu sous des cascades de graisse, et elle est de ces femmes dont on dit qu'on peut les embrasser pendant un an et jamais à la même place.

Dire l'étonnement de l'auditoire en l'entendant se plaindre de l'attentat que l'on sait serait bien inutile ; mentionnons seulement que, dès les premiers mots de sa déposition, M. le président était dans la nécessité de réprimer les rires des personnes présentes à l'audience.

— Oui, messieurs, reprenait la veuve Létui après le rétablissement du silence, j'étais, comme je vous dis, courbée pour relever mon bas qui tombait, quand tout à coup je me sens saisir au-dessous de la taille...

M. LE PRÉSIDENT. — Par-dessus vos vêtements ?

LE TÉMOIN. — Certainement, monsieur ; mais il me semble que c'est déjà bien joli...

LE PRÉVENU. — Oh ! joli !

M. LE PRÉSIDENT. — Tâchez de vous taire.

LE TÉMOIN. — Alors, monsieur, je jette un cri, qu'un chien qui passait s'en est sauvé ; je me retourne et je vois ce polisson qui me regardait avec des yeux flamboyants.

LE PRÉVENU. — Moi ?

M. LE PRÉSIDENT. — Voulez-vous vous taire.

LE TÉMOIN (*rouge de honte*). — Je me précipite dans les bras d'un sergent de ville, en criant : « A moi ! débarrassez-moi de ce drôle ; » c'est comme ça que nous avons été chez le commissaire de police.

M. le président. — Qu'avez-vous à dire, Péroux ?

Péroux. — Moi, m'sieu? C'est justement si insensé de la part de cette vieille dame, que le monde ici présent s'en est mis à rire.

M. le président. — Enfin, reconnaissez-vous le fait?

Péroux. — Je le reconnais, oui et non; c'est vrai et c'est pas vrai, s'entend que pour ce qui est de la pudeur de madame, que si j'y ai seulement pensé, je veux bien qu'on me dépiaute, qu'on me coupe en petits morceaux; Dieu merci, si je voulais une pudeur, je trouverais encore mieux que ça, c'est pas pour dire.

La veuve Létui. — Goujat!

M. le président. — Enfin qu'avez-vous fait?

Péroux. — J'ai fait que, madame encombrant complètement la rue, vu son énormité et la position qu'elle avait prise, qui m'empêchait de passer, je dis en riant : « Merci, pus que ça! » alors je l'ai dérangée avec ma main simplement pour passer, mais pour ce qui était d'avoir des idées, merci.

M. le président (*à la veuve Létui*). — Est-ce exact?

La veuve Létui. — Mais, monsieur, il avoue lui-même ce que j'ai dit.

M. le président. — Alors c'est tout.

La veuve Létui. — En pleine rue, qu'est-ce qu'il pouvait de plus ?

M. le président (*au prévenu*). — Cette femme a pu se méprendre sur votre intention, mais, enfin, le fait matériel existe, et, en supposant qu'il n'ait pas le caractère d'un délit, il constitue au moins une grave inconvenance.

Péroux. — Mais, m'sieu, c'était très embarrassant ; si je l'avais repoussée avec mon pied, elle aurait dit que je l'avais frappée ; je la repousse avec la main, elle dit que j'offense sa pudeur.

M. le président. — Il fallait, ou la prier de vous laisser passer, ou attendre quelques instants. Mais d'ailleurs, quand vous dites que madame vous empêchait de passer, ce n'est pas sérieux ; vous feriez mieux de dire que vous avez voulu faire une plaisanterie.

Péroux. — Je dis pas que c'était pas pour rigoler un peu, que tout le monde même regardait la posture de madame en riant et en disant : Oh ! oh ! Même que c'est de là que j'ai dit : « Merci, pus que ça ! »

Le tribunal a jugé que la prévention n'était pas suffisamment établie, et a renvoyé le prévenu des fins de la plainte.

LA CULOTTE A L'ENVERS

Ne pouvant pas s'entendre avec sa culottière, M. Pochon a pensé qu'on s'entendrait mieux devant la justice, et, en cela, il s'est trompé. Mais, qui a bien pu lui conseiller de porter une plainte en abus de confiance? Ce n'est certes même pas ce racoleur de clients, que les braves gens appellent « un homme de loi, » ce doit être quelque jurisconsulte de loge ou de cabaret; enfin, comme l'affaire vient sur citation directe, et que M. Pochon s'est constitué partie civile, il use de son droit à ses risques et périls, et le tribunal est tenu d'écouter la plainte ; mais, s'il est permis d'abuser de ses moments, cet abus a des limites.

Tout d'abord, profond étonnement du magistrat dès la première réponse de M. Pochon, qui, ainsi que nous l'avons dit, s'est constitué partie civile.

M. LE PRÉSIDENT. — Combien demandez-vous de dommages-intérêts ?

M. POCHON. — 11 francs.

M. LE PRÉSIDENT. — 11 francs!... Vous vous exposez à payer les frais d'un procès pour 11 francs! Vous n'avez donc pas pris un avocat?

M. POCHON. — Monsieur, mon affaire étant sûre et certaine comme de l'eau de roche, c'était pas la peine d'en prendre un.

LA CULOTTIÈRE. — C'est à crever de rire...

M. LE PRÉSIDENT. — Taisez-vous. (*Au plaignant.*) Si, c'était la peine, car un avocat vous aurait détourné de vous porter partie civile pour 11 francs; même à la lecture de la citation, j'ajoute qu'il vous aurait détourné de faire le procès. Enfin, expliquez-vous !

M. POCHON. — Vous allez voir que c'est simple comme de l'eau de roche; v'là l'affaire en un mot : j'ai donné à madame de l'étoffe, qui m'a coûté

11 francs, pour me faire un pantalon, et elle ne veut pas me le rendre; dont je demande 11 francs ou mon pantalon.

M. LE PRÉSIDENT (*à la culottière*). — Pourquoi ne voulez-vous pas lui rendre son pantalon ?

LA CULOTTIÈRE. — Parce qu'il ne veut pas m'en payer la façon.

M. POCHON. — Deux façons qu'elle me demande, pas une.

LA CULOTTIÈRE. — Du moment que vous me le faites retourner.

M. POCHON. — Il ne fallait pas le coudre à l'envers.

LA CULOTTIÈRE. — Je l'avais d'abord cousu à l'endroit ; vous me l'avez fait défaire.

M. POCHON. — Moi ?

LA CULOTTIÈRE. — Enfin votre neveu me l'a rapporté de votre part.

M. POCHON. — Alors, réclamez l'autre façon à mon neveu.

M. LE PRÉSIDENT. — Comment votre neveu aurait-il porté ce pantalon pour le retourner, si vous ne l'aviez pas chargé de cette commission ?

M POCHON. — Vous ne comprenez pas bien.

M. LE PRÉSIDENT. — Non.

M. POCHON. — Voilà, c'est comme de l'eau de roche : j'achète de l'étoffe pour deux pantalons, un pour moi et l'autre pour mon neveu, et je les donne à faire à madame; elle en fait un à l'envers.

La culottière. — Oui, mais pas le vôtre.

M. Pochon. — Non, celui de mon neveu.

M. le président. — Eh bien, alors, si ce n'est pas le vôtre?

M. Pochon. — Ça ne l'était pas d'abord, mais ça l'a été après, vu qu'elle l'a retourné.

M. le président. — Vous le lui avez donc rendu?

M. Pochon. — Moi?... non, mon neveu.

M. le président. — C'est son pantalon que votre neveu a rendu?

M. Pochon. — Non, c'est le mien.

M. le président. — Mais puisqu'il était cousu à l'endroit!

M. Pochon. — Oui, mais elle l'a remis à l'envers.

M. le président. — Je n'y comprends rien du tout.

La culottière. — Je vais vous expliquer. Le neveu me rapporte le pantalon pour le retourner; je l'ai retourné.

M. le président. — Mais puisqu'il était à l'endroit?

La culottière. — Oui, c'est vrai.

M. Pochon. — C'est là où il faut que madame soit aussi dinde qu'elle est.

M. le président. — Ah! n'injuriez pas la prévenue.

M. Pochon. — Non, mais je vous ai expliqué que c'était le pantalon de mon neveu qu'elle avait fait à l'envers.

M. le président. — Alors, pourquoi a-t-elle retourné le vôtre ?

M. Pochon. — Ah! voilà : comme ils étaient pareils, mon neveu lui a porté le mien par mégarde, et madame aurait dû voir qu'il était à l'endroit; elle a fait une erreur, elle doit la réparer.

La culottière. — Je l'ai réparée, puisque je l'ai retourné à l'endroit.

M. Pochon. — Celui de mon neveu, oui.

La culottière. — Ça fait deux retournages.

M. Pochon. — Fallait pas retourner le mien.

La culottière. — J'ai cru que vous le vouliez comme ça.

M. Pochon. — A l'envers!... Comme le roi Dagobert !

M. le président. — En voilà assez; il n'y a pas d'abus de confiance : c'est une discussion de justice de paix et non une affaire correctionnelle.

M. Pochon a donc perdu ce procès à l'envers, qu'il va falloir remettre à l'endroit.

LE RASOIR DE DAMOCLÈS

On s'explique bien qu'on vive en faisant la barbe aux autres, exemple les perruquiers; on s'explique moins le contraire, c'est-à-dire une industrie qui consiste à se faire raser; elle est pourtant bien simple. Voici le calcul de Cuissard : il donne trois sous pour sa barbe, il vole une serviette de deux francs, reste trente-sept sous de bénéfice. Malheureusement, on ne peut pas se faire raser plusieurs fois par jour, et on ne peut guère espérer revendre plus d'un franc une serviette d'occasion ; si bien qu'en définitive, notre homme ferait un pauvre métier s'il n'attrapait pas par-ci par-là un rasoir, un pinceau à barbe, un pain de savon ou un pot de pommade ; on a trouvé chez lui de quoi commencer un bon petit établissement de parfumeur.

Il a été arrêté d'une façon assez plaisante par un petit homme chétif et malingre, qu'il eût aplati entre ses deux mains s'il n'avait été tenu en respect par lui, comme on va le voir.

C'était la quatrième fois qu'il me volait, dit le perruquier au tribunal correctionnel ; je m'en doutais bien, mais je n'en étais pas assez sûr ; seulement, je me disais : *Primo*, chaque fois que ce particulier-là vient, je m'aperçois qu'il me manque quelque chose ; *deuxièmo*, il n'y a que les gens distingués qui se font raser tous les jours, et celui-là, qui a l'air d'une grande *gouape*, chaque fois qu'il vient, on voit qu'il a une barbe de la veille, et avec ça du linge sale, en loques : tout ça c'est louche ; j'aurai l'œil au guet, que je me dis, et je l'ai eu, de fait, vous allez voir : y a de quoi rire tout de même.

Il arrive donc : pour lors je le reconnais ; je fais celui qui n'a l'air de rien, et je lui dis : Monsieur, ça va-z-être à vous, en appuyant sur le cuir un rasoir, censément pour lui, pendant qu'il allait accrocher son paletot à une patère ; mais je tournais la prunelle, sans avoir l'air, de son côté, en faisant le *simulâtre* de lui tourner le derrière, et je le vois qui fourre une serviette dans son paletot.

Là-dessus il vient s'asseoir et se met à me parler des affaires d'Orient.

M. LE PRÉSIDENT. — Arrivez au fait; vous l'avez fait arrêter?

LE TÉMOIN. — Je pouvais le prendre sur le flagrant délit; mais c'est un homme très fort et très terrible, qui m'aurait évanoui d'une gifle et se serait sauvé, vu que j'étais seul pour le quart d'heure, étant veuf depuis deux ans, et mon clerc étant allé en ville coiffer une mariée, qui se mariait avec un lampiste qui demeure à côté, un nommé Manichol...

M. LE PRÉSIDENT. — Passez tous ces détails.

LE TÉMOIN. — Oui, voilà, excusez; pour lors, voilà donc mon particulier assis; je le savonne, me disant : Il va peut-être venir quelqu'un. C'était ce que je voulais; je repassais mon rasoir pour gagner du temps...

M. LE PRÉSIDENT. — Vous devriez bien tâcher d'en gagner maintenant.

LE TÉMOIN. — Voilà; finalement que mon clerc arrive; je mets alors le rasoir sur la gorge de monsieur, et je dis à mon clerc : « Appelez un sergent de ville tout de suite. » Mon filou, entendant ça, fait un mouvement comme pour me repousser, mais moi qui le tenais par le nez et le rasoir sur sa gorge, je lui dis : « Si vous bougez, je vous coupe le cou comme à un poulet ! »

Mon gaillard, qui n'est pas des plus braves, à ce que j'ai vu, se met à trembler ; mon jeune homme crie à la porte : « Un sergent de ville tout de suite !... » Les passants s'arrêtent ; finalement que voilà deux sergents de ville qui arrivent : il était temps, je n'avais plus une goutte de sang.

Cuissard, interrogé, prétend que c'est par mégarde qu'il a mis une serviette dans sa poche ; malheureusement, les articles de parfumerie trouvés chez lui sont plus difficiles à expliquer ; il prétend bien qu'il les a achetés pour son usage personnel ; mais dix-sept peignes pour son usage !... et il est chauve !

Le tribunal l'a condamné à six mois de prison

UN HOMME BIEN MIS

Il est difficile de dire, d'une façon absolue, ce qu'on doit entendre par « être bien mis ; » il est certain que le bon bourgeois de province, le gommeux parisien et l'Arthur des bals de barrière comprennent chacun à leur façon ce que c'est que d'être bien mis ; pour le bon bourgeois, c'est d'avoir un bon paletot, un bon pantalon et un bon gilet, en bonne étoffe ; un chapeau solidement établi, et des bottes en bon cuir et bien cousues ; le tout bien brossé et d'une propreté irréprochable; en un mot, pour lui, être bien mis, c'est être cossu.

Pour le gommeux, c'est d'avoir en soirée le vêtement noir de rigueur, à la ville, le costume de saison, dernière mode, le pantalon à pieds d'éléphant, les gants irréprochables et le col de la chemise ouvert jusqu'au creux de l'estomac.

Pour l'Arthur de barrière, l'ornement de la tête suffit à la mise : la haute casquette de soie noire, dite à six étages, vulgairement nommée *un sixième*, posée en arrière, sur une chevelure ramenée en rouflaquettes sur les tempes, une cravate de couleurs voyantes, arrangée à la Colin ; tel est, pour lui, le dernier mot de la toilette.

C'est donc tout à fait en dehors des appréciations ordinaires que, pour Lochelot, être bien mis, c'est avoir un parapluie; tout au plus pourrait-on comprendre qu'en cas d'averse on est *bien couvert*; au fait, c'est peut-être ainsi qu'il l'entend. Du reste, on connaîtra tout à l'heure ses explications. Disons d'abord qu'il est prévenu de vol d'un parapluie au préjudice de son ami Broquille.

M. LE PRÉSIDENT. — Comment! vous êtes sans ouvrage et sans asile, Broquille vous recueille, vous donne l'hospitalité, et, pour le récompenser, vous profitez de son absence pour lui voler son parapluie?

Lochetot. — Voler!...je lui ai emprunté simplement.

M. le président. — Vous n'êtes pas revenu; ce n'est qu'un mois après qu'il vous a rencontré par hasard.

Lochetot. — Cet homme-là, je le croyais mon ami; il m'a donné l'hospitalité, c'est vrai; il m'a prêté de la monnaie, c'est vrai; il m'a prêté ses bottes, c'est vrai; mais ce qu'il fait à mon égard lui détruit tout le prestige de sa bonne action.

Broquille. - Ah! bien, il est bon là, le sapeur; il me filoute mon parapluie et il me débine par-dessus le marché.

Lochetot. — C'est bien, monsieur; mettez que je vous ai filouté votre parapluie; mais moi j'ai ma pensée intérieure que je vous l'ai emprunté.

Broquille. — Non; mais, monsieur le président, il faut vous dire que ce jour-là il faisait un temps superbe.

Lochetot. — Le temps ne fait rien à la chose d'un parapluie; je l'avais pris pour aller demander de l'ouvrage.

M. le président. — Quel rapport cela a-t-il?...

Lochetot. — Le rapport que, quand on se présente dans une maison et qu'on a un parapluie, on a tout de suite l'air de quelqu'un de bien mis. Supposez qu'il aurait plu, les patrons chez qui j'ai été se seraient dit : « Qu'est-ce que c'est que ce garçon-là, qui ne s'achète même pas un parapluie ? »

M. LE PRÉSIDENT. — Allons, c'est ridicule, ce que vous nous dites là.

BROQUILLE. — Elle est bien bonne.

LOCHETOT. — C'est un fait réel qu'on a l'air de rien du tout.

M. LE PRÉSIDENT. — Enfin, si vous avez emprunté le parapluie, pourquoi ne l'avez-vous pas rapporté ?

LOCHETOT. — Parce que, depuis le jour que je l'ai pris, je ne fais que chercher de l'ouvrage ; je suis été jusqu'à des cinq, six lieues autour de Paris, toujours avec le parapluie.

M. LE PRÉSIDENT. — Eh bien, où est-il ? Vous ne l'aviez plus quand on vous a arrêté.

LOCHETOT. — Je l'ai laissé par mégarde chez un bourgeois dont je suis été lui demander de l'ouvrage.

M. LE PRÉSIDENT. — Quel est ce bourgeois ?

LOCHETOT. — J'ai jamais pu m'en rappeler ; j'ai été dans plus de soixante-quatorze boutiques ; je sais que c'est un gros rouge, qui a une femme grêlée et une fille bête comme un hareng.

Après cette explication, on comprend à merveille la condamnation à six mois d'emprisonnement prononcée contre l'auteur de la nouvelle définition de l'homme bien mis.

UN BANDEAU A TOUT FAIRE

Un plaignant s'avance à la barre, l'œil gauche couvert d'un mouchoir plié en bandeau ; il donne ses noms, âge et qualité, retire son bandeau, le déplie, se mouche dedans, le replie, se le remet sur l'œil, aux rires de l'auditoire, et attend qu'on l'interroge.

Ce brave homme est un concierge.

M. LE PRÉSIDENT (*indiquant le prévenu*). — C'est cet homme qui vous a fait une blessure à l'œil ?

Le plaignant. — C'est complètement lui.

Le prévenu. — Je vas vous expliquer l'affaire...

M. le président. — Vous l'expliquerez tout à l'heure.

Le plaignant. — C'était un lundi, à dix heures trente-cinq sonnantes du soir ; j'étais sur la porte, quand ce particulier-là me tombe dessus sans pourquoi ni pour qu'est-ce, dont il avait une société d'autres vauriens, et qui m'a mis l'œil comme vous voyez.

Le témoin, pour montrer son œil, retire son bandeau, le déplie, se mouche de nouveau dedans, le replie et replace sur son œil cet objet à deux fins (quant à présent), puis il continue gravement sa déposition en ces termes :

Moi qui n'ai jamais eu peur d'un homme, que j'ai été militaire et de ceux, comme dit c't autre, qui ne se mouchent pas du pied (on le voit bien), je vas pour sauter sur mon agressif ; mais il était déjà en train de se battre avec sa société, que les voilà qui se mettent tous à me dire que ça ne me regarde pas ; alors...

M. le président. — C'est entendu. (*Au prévenu.*) Le moment est venu de vous expliquer.

Le prévenu. — Eh bien, monsieur, je vas vous expliquer l'affaire : Je ne connais pas du tout monsieur, je ne sais pas ce qu'il me réclame.

Le témoin. — Comment ?... Eh bien, et ça ? (*Il*

retire son bandeau, se mouche dedans et le replace.)

M. LE PRÉSIDENT. — Vous voyez dans quel état vous avez mis l'œil de cet homme.

LE PRÉVENU. — Eh bien, monsieur, je vas vous expliquer l'affaire. Comment voulez-vous que j'aille martyriser l'œil d'un particulier que je ne connais pas du tout et qui ne m'a rien fait?

M. LE PRÉSIDENT. — Enfin, le fait existe, quoique inexplicable.

LE PRÉVENU. — Eh bien, monsieur, je vas vous expliquer l'affaire.

M. LE PRÉSIDENT. — Mais vous ne faites que répéter que vous allez expliquer l'affaire, et vous n'expliquez rien du tout.

LE PRÉVENU. — Si, si; voilà la chose : Le patron, s'étant marié, nous avait donné 35 francs de pourboire; qu'étant sept ouvriers, ça faisait donc cent sous pour chacun, pour faire la noce à sa santé et à celle de madame son épouse. Si bien, pour lors, qu'à dix heures du soir, nous étions tous les sept dans une ivresse vraiment extraordinaire et que je m'étais disputé avec mes camarades; nous sortons pour nous arranger dehors, vu que le marchand de vin nous avait mis à la porte; v'là un de mes camarades qui me fiche un coup de pied dans la jambe; tenez, là! (*Le prévenu, avec son soulier plein de boue, trace une ligne sur les jambes du concierge.*)

LE PLAIGNANT. — Allons, bon! mon pantalon des dimanches! (*Il s'essuie avec son bandeau.*)

LE PRÉVENU. — Alors, faut donc que j'aie pris M. le concierge pour celui qui m'avait fichu un coup de pied, n'y voyant pas très clair... sans ça...

LE CONCIERGE. — C'est agréable pour moi de m'être trouvé là.

LE PRÉVENU. — En êtes-vous bien sûr?

LE CONCIERGE. — Que j'y étais? (*Rires.*)

LE PRÉVENU. — Non, que c'est moi.

LE CONCIERGE. — Oui, oui, c'était bien vous.

LE PRÉVENU. — C'est si tellement vrai, monsieur, que je vas vous expliquer...

M. LE PRÉSIDENT. — Non.

LE PRÉVENU. — Le patron s'était marié, et il nous avait donné 35 francs...

M. LE PRÉSIDENT. — Taisez-vous.

Le tribunal condamne le prévenu à huit jours de prison.

LE PRÉVENU. — Mais, mon président, aussi vrai que v'là la pluie...

M. LE PRÉSIDENT. — Taisez-vous! c'est jugé.

LE CONCIERGE. — La pluie!... bon, j'ai mon chapeau neuf.

Vous voyez d'ici à quoi va servir le bandeau.

L'ÉLEVE TONDEUR DE CHIENS

Adopté par la veuve Fondant, qui tond les chiens, calme les chats et va-t-en ville, Léon Merlard mène de front ses classes et son apprentissage de tondeur de chiens (trop jeune encore pour être initié à la deuxième partie de la profession). Son fort, par exemple, c'est d'aller en ville; il y va même tant, qu'il met à peine le pied à l'école. C'est comme cela qu'il a déjà été arrêté cinq fois pour vagabondage. La cinquième fois, on l'a renvoyé devant la police correctionnelle.

M. LE PRÉSIDENT. — Pourquoi avez-vous quitté cette femme qui vous a adopté ?

LÉON. — Tiens ! all' me fiche des gifles ; merci.

M. LE PRÉSIDENT. — C'est que, probablement, vous le méritez.

LÉON. — Tiens ! je vas à l'école, dont je suis toujours le premier, au moins, et encore que je suis dans les grands, et puis, le soir, mam' Fondant veut me faire tondre des chiens pour m'amuser ; alors moi, quéque fois, je les coupe, sans le faire exprès. Ils me mordent ; zut ! c'est pas amusant.

M. LE PRÉSIDENT. — Cette femme vous a recueilli, vous devez lui obéir.

LÉON. — Mais, m'sieu, il y a le maître qui me donne des leçons à apprendre. Mam' Fondant, alors, si elle me fait tondre des chiens, au lieu de mes leçons, moi, on me fiche en retenue ; on me colle au piquet et on me donne des lignes à faire ; ça ne m'arrange pas !

M. LE PRÉSIDENT. — Vous parlez de votre école, de vos leçons ; mais il paraît que vous n'y allez guère, à votre école ; vous allez courir, vagabonder, et je crois que vous n'apprenez guère de leçons à la halle ou dans les rues.

LÉON. — Oh ! je suis toujours le premier : la grammaire, la géographie, le carcul (*récitant avec volubilité*). Combien qu'il y a de sortes de lettres? Deux : les voyelles et les consonnes. — Combien qu'il y a de fleuves en France ? — Il y en a cinq : l'Europe, l'Asie, l'Afrique, l'Amérique et l'Océanique. — Quel est le premier roi de France? — C'est Pharaon. — 2 et 2 font 4, 4 et 4 font 8.

M. LE PRÉSIDENT (*qui a voulu plusieurs fois l'interrompre*). — Voyons, voyons ! vous n'êtes pas ici pour réciter vos leçons.

LÉON. — 8 et 8 font 24, et 24 font 36.

M. LE PRÉSIDENT. — Voulez-vous bien vous taire?

LÉON (*pleurnichant*). — Ah ! je ne sais pas mes leçons, vous dites que je vas pas à l'école; même que, si vous voulez, je ferai venir mes camarades ici.

M. LE PRÉSIDENT. — Enfin, quand on vous a arrêté, il y avait plusieurs jours que vous n'étiez rentré. Que faisiez-vous à la Halle ?

LÉON. — C'est Bouroche qui m'avait emmené; alors nous avons bu une chopine avec une bouteille d'eau de sexe.

Le tribunal a envoyé l'élève Léon pendant deux ans dans une maison de correction.

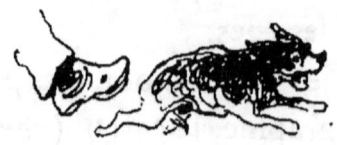

ALTERE PAR CARACTERE

Les époux Biroy sont devant le tribunal ; la femme à la barre des témoins, le mari sur le banc des prévenus.

Biroy, interrogé, donne ses noms, âge et profession ; puis, se tournant vers sa femme : Ah ! c'est propre, ce que tu as fait là !

La femme. — Je t'en ai prévenu qu'un jour ou l'autre tu serais sur le banc des malfaiteurs.

Biroy. — J'y viens pur comme deux et deux font quatre.

M. le président. — Voyons, femme Biroy, adressez-vous au tribunal.

La femme Biroy. — Je viens exprès pour ça.

M. le président. — Eh bien, de quoi vous plaignez-vous?

La femme Biroy. — Je me plains que c'est un homme que, si on ne me retire pas de ses mains, je finirai en quatre morceaux.

Biroy. — Tu m'arraches des sourires.

La femme Biroy. — Les témoins sont là pour dire que c'est un homme qui ne « désivre » pas et qui me bat tous les jours de la semaine, quelquefois plus.

Biroy. — Les témoins, je les méprise comme un verre d'eau.

M. le président (*à la plaignante*). — Enfin, précisez des faits et ne restez pas dans les généralités.

Biroy. — Elle ne sait seulement pas où c'est.

M. le président. — Voulez-vous vous taire? (*A la plaignante.*) Quand votre mari vous a-t-il porté des coups, et quels coups?

La plaignante. — Quand? Mais toujours; un feignant qui bat le pavé du matin au soir.

Biroy. — Bon, c'est le pavé que je bats à présent.

La plaignante. — Oui, et moi le soir en rentrant.

M. le président. — Mais le jour de la scène, quels coups vous a-t-il portés?

La plaignante. — Il m'a jeté son manger à la figure.

M. le président. — Vous a-t-il fait des blessures?

La plaignante. — Non, c'était de la panade.

M. le président. — Il ne vous a pas jeté le plat avec?

La plaignante. — Non, mais la panade m'a emberné la figure, floc! que j'ai mes effets massacrés.

Biroy. — Et toi, le jour que tu t'as assise sur mon chapeau, est-ce que je t'ai traînée devant le tribunal?

M. le président. — Enfin, reconnaissez-vous que vous maltraitez votre femme?

Biroy. — Quand je suis en ribote, naturellement.

M. le président. — Comment, naturellement?

La plaignante. — Il y est tous les jours.

Biroy. — Ecoutez, mon président, vous ne pouvez pas savoir... Les femmes, ça vous a comme ça des airs devant le monde; mais cette femme-là, mon président, serait à un noble, à un notaire, à quelqu'un de la haute, qu'il y ficherait des piles...

Je suis d'une bonne famille, moi ; j'ai même eu une position dans les chemins de fer.

M. le président. — Quelle position ?

La plaignante *(tendant le bras)*. — Cette position-là... quand les trains passaient : il était cantonnier.

Biroy. — Oui, et elle me buvait mon argent, vu qu'elle ne se gêne pas, non plus, pour la chose du casque.

M. le président. — Vous lui donnez un bon exemple !

Biroy. — Moi, ça vient d'un caractère altéré de sa nature. On voit toujours quand un homme a bu ; mais on ne voit jamais quand il a soif.

La plaignante. — Il casse tout à la maison, il a démantibulé jusqu'au lit.

Biroy. — Oh ! pour le lit, ça vient de ce qu'il n'était pas solide et que j'ai le sommeil lourd.

Le tribunal condamne Biroy à quinze jours de prison.

Biroy. — Ah ! les femmes font de jolis chefs-d'œuvre...

La plaignante. — Oui, ta mère en a fait un beau, c'est vrai.

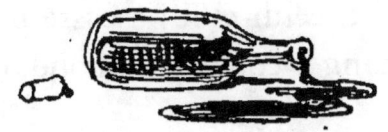

AMIS COMME CO...CHERS.

Certes, si Duhail est condamné, ce n'est pas la faute de Varot qui, pourtant, a porté plainte contre lui; car l'amitié d'Oreste et de Pylade, de Nisus et d'Euryale, des deux habitants du Monomotapa et de tous les amis célèbres, n'est qu'affection banale auprès de celle que Duhail et Varot se sont vouée mutuellement, et que le dernier vient affirmer à l'audience en plaidant pour le prévenu.

Et cependant, celui-ci lui a cassé une carafe sur la tête, et le sang a coulé en abondance; mais la faute en est à la fatalité. Ce jour-là, nos deux amis, habitués à se griser ensemble, avaient eu l'idée inexplicable de demander de l'eau. De là, le coup de carafe; car s'il n'y eût eu que la bouteille, Duhail ne l'aurait pas cassée, à moins qu'elle n'eût été vide.

M. le président. — Duhail, vous reconnaissez avoir cassé une carafe sur la tête de Varot?

Duhail. — Mon président, Varot est mon ami...

Varot. — Et toi aussi, t'es mon ami.

Duhail. — Nous sommes tous deux amis; nous étions en ribote tous deux également.

Varot. — Tu l'étais plus que moi.

Duhail. — C'est impossible.

Varot. — Si, t'étais perdu de vin; mon président, je demande l'indulgence pour mon ami.

Duhail. — Je la demande idem pour toi.

M. le président. — Voyons, Varot, dites-nous comment les faits se sont passés et dites la vérité.

Varot. — Toute la vérité.

M. le président. — C'est qu'après avoir porté plainte contre Duhail, vous paraissez disposé à plaider pour lui.

Varot. — Si j'avais du bagout comme ces messieurs (*indiquant des avocats*), je ferais un plaidoyer pour mon ami, vu que, si j'ai porté plainte, c'est étant dans un état de vin et que j'ai eu du remords.

Duhail (*ému*). — Vieil ami !

M. le président. — Enfin, comment Duhail a-t-il été amené à l'acte de brutalité qu'on lui reproche ?

Varot. — Voilà, avec les points et les virgules : Etant tous deux raboteurs de parquets de notre état, nous rentrions de la journée, que j'allais reconduire Duhail à son garni qui est marchand de vin, pour prendre un verre et étant déjà généralement en ribote tous les deux.

M. le président. — Et vous aviez encore besoin de prendre un verre ?

Duhail. — Moi, j'ai pris une gomme, dont c'est pour ça qu'il y avait une carafe d'eau.

Varot. — Moi, j'ai pris un vermouth.

M. le président. — Ces détails sont inutiles.

Varot. — C'est pour dire que je dis la vérité, les points, les virgules, tout. Pour lors, étant tous deux raboteurs de parquets, il se trouve que je travaille quéquefois pour lui et pour moi, ce qui fait qu'il me doit de l'argent et que je ne peux jamais l'avoir. Honnête homme jusqu'à la pointe des cheveux, mais mauvaise paie.

Duhail (*ému*). — Vieil ami !

Varot. — Seulement, ça vient de ce qu'il ne peut pas me payer, vu qu'il n'a jamais le sou, dont ça n'est pas canaillerie de sa part pour cette raison-là. Pour lors que je lui réclame mon dû et qu'il me dit : « Je n'en ai pas. » Moi, là-dessus, je lui dis en manière de plaisanter : « Tu n'as seulement pas payé ton chapeau. » Je n'avais pas fini le mot qu'il me le coupe en deux d'un coup de carafe; là-dessus, je lui envoie un coup de soulier; mais vu que le sang me coulait sur les yeux...

Duhail (*pleurant*). — Vieil ami...

Varot. — J'ai été me faire panser chez le pharmacien.

Duhail. — Et moi, j'ai été me coucher. Varot, tu ne m'en veux pas?

Varot. — Tu le sais bien, au contraire.

Duhail. — Vieil ami!

Le marchand de vin. — Varot et Duhail sont amis comme les deux doigts de la main; ils ont l'habitude de venir tous deux à la maison.

M. le président. — Se griser?

Le marchand de vin. — Enfin ils consomment; je ne comprends rien à leur querelle; je n'ai pas entendu de discussion; j'ai seulement entendu : « Tu n'as pas payé ton chapeau. »

Varot. — Je demande l'indulgence pour mon ami.

Duhail. — Je te rendrai ça.

Le tribunal a condamné Duhail à six jours de prison.

Varot. — Pauvre vieux!

Duhail. — Vieil ami! (*Ils s'embrassent.*)

LE MANGEUR DE NEZ

Pourquoi, à la suite d'une scène de coups, est-ce le plus maltraité (en apparence du moins) qui est le prévenu ? C'est ce que la suite nous apprendra. Toujours est-il que celui-ci porte le bras en écharpe et que l'autre (un caporal) n'a que le nez endommagé comme par quelqu'un qui aurait voulu y goûter..

Plaignant et prévenu se regardent mutuellement avec stupéfaction.

M. le président (*au prévenu*). — Quels sont vos noms et prénoms ?

Le prévenu (*regardant toujours le caporal*). — Margouin !... je regarde le nez du caporal, c'est pas possible que ça soye moi qui... Ugène Anatole... qui a fait ça... bombeur de verres.

Le caporal. — C'est comme moi, je regarde votre bras en écharpe et je la trouve bonne.

M. le président (*au caporal*). — Dites comment cet homme vous a injurié et frappé ?

Le caporal. — Non, mais est-ce qu'il prétend que c'est moi qui lui ai mis son bras ?...

Le prévenu. — Non, ça s'est fait tout seul ; un bras qu'un de ces jours on en fera peut-être la décapitation.

M. le président. — Vous vous expliquerez tout à l'heure. (*Au caporal.*) Faites votre déposition !

Le caporal. — C'était du côté de Clichy ; je passais dans un petit chemin où il y a des pierres ; pour lors, monsieur qui passait aussi avec son épouse, lui dit : « Regarde-le donc ! fait-y sa poire ! »

M. le président. — Qu'est-ce que cela veut dire ?

Le caporal. — Je ne sais pas, et cependant je sais l'orthographe jusque dans la pointe des cheveux ; mais je ne connais pas cette élocution ; tout de même, que ça m'a bigrement molesté et que j'ai dit à ce particulier : « Pourquoi-t-est-ce que je fais ma poire ? » Que là-dessus, on s'est discuté et que monsieur s'est mis dans la tentative de me manger le nez, disant : « Je vais te le croquer comme un radis. »

Le prévenu (*retirant son bras de l'écharpe et gesticulant*). — Mais c'est, au contraire, vous... rappelez-vous donc, caporal, qui... (*le prévenu s'aperçoit de sa distraction et remet son bras en écharpe*); faites-moi donc l'amitié, caporal, de vouloir bien vous rappeler que vous étiez entièrement pochard, caporal; soyez assez aimable pour vous en rappeler, mon caporal.

Le caporal. — Je ne peux pas dire que je m'en rappelle, vu que je m'en rappelle pas.

Le prévenu (*au tribunal*). — Vous voyez, il était d'une ivresse si tellement extraordinaire qu'il ne se rappelle de rien. (*Au caporal.*) Rappelez-vous, vous-même, que vous avez dégainé.

M. le président. — N'interpellez pas le témoin !

Le caporal. — Pour dire que j'ai dégainé, je ne peux pas dire que j'ai dégainé, puisque je ne me rappelle pas que j'ai dégainé; mais pour ce qui est de la chose d'avoir dégainé, j'ai pas dégainé, v'là mon opinion.

Le prévenu. — Mais vous dites vous-même que vous ne vous en rappelez pas?

8.

Le caporal. — Eh bien, alors, je peux donc pas dire que j'ai dégainé; c'est clair.

Le prévenu. — Oui, mais vous ne pouvez pas dire non plus que vous n'avez pas dégainé.

Le caporal. — Permettez.

M. le président. — Adressez-vous au tribunal.

Le caporal. — Mon président, je dis que si, je le dis; on peut bien dire : Je ne me rappelle pas si j'ai dégainé, et dire : Je suis sûr que j'ai pas dégainé, c'est clair.

Le prévenu (*tirant son bras de l'écharpe et gesticulant*). — Comment, sacristi! même qu'en voulant vous arracher votre sabre, j'en ai eu le bras tortillé par vous; un bras que je n'en guérirai peut-être jamais.

M. le président. — Vous avez l'air de vous en servir parfaitement.

Le prévenu. — Mon bras?... mais, mon président, il n'y a pas de différence d'avec le premier jour.

M. le président. — Cela, c'est possible.

Le caporal. — Il n'a rien du tout à son bras... c'est une blague!

Le prévenu. — Une blague!... Mais, tenez, il y a ici mam' Balouche, qui l'a vu, mon bras, même qu'elle m'y a mis dessus des masses d'emplâtres; elle est ici; j'y ai dit de venir. (*Regardant vers l'auditoire.*) Etes-vous là, mam' Balouche?

Pendant que le prévenu appelle mam' Balouche, le tribunal le condamne à un mois de prison.

Le prévenu. — Je demande à le faire à l'infirmerie... pour mon bras !

AU SEIN DE L'ABONDANCE

C'est quand le diable devient vieux, dit-on, qu'il se fait ermite. Ceci n'est pas toujours vrai, car Ravy, quoique démon véritable, au dire de sa mère, a douze ans à peine.

Les tracas dont il a voulu s'affranchir, c'est le travail, ce qui prouve bien que l'homme est foncièrement fainéant et que le législateur a touché juste en lui appliquant comme la plus grande punition, après la peine de mort, les travaux forcés.

Donc, notre jeune anachorète, ayant établi son domicile dans une cave, avait déjà le vin sous la main ; il avisa au moyen de se procurer les aliments solides. La cave où il s'était installé était celle d'un logement que ses parents avaient occupé encore quinze jours avant. Ce petit bonhomme, qui n'aime pas à travailler, aime beaucoup, en revanche, à faire les commissions ; on connaissait son goût, et sitôt qu'un locataire avait une commission à faire, il appelait Ravy et l'envoyait acheter, qui du pain, qui de l'épicerie, qui des fruits, du fromage, etc. Ceci l'avait mis en connaissance avec tous les fournisseurs du quartier.

Une fois établi dans sa cave, il eut l'idée d'utiliser cette connaissance. Rien de plus facile : certains locataires, pour lesquels il allait acheter des denrées, l'envoyaient souvent faire des acquisitions à crédit ; il n'avait qu'à continuer pour lui-même ce qu'il avait fait pour autrui. Chaque matin donc, avant que la portière fût levée, il allait faire ses petites provisions ; si bien que son gîte fut bientôt abondamment garni de pain, de saucisson, de fruits, de fromage, de bougie, de sucre et autres articles d'épicerie, excepté pourtant du savon, convaincu qu'il était que la propreté ne fait pas le bonheur.

C'est la bougie qui le fit découvrir. Ravy, qui dormait tout le jour, illuminait la cave quand tout le monde était couché, et passait sa nuit à jouer à la toupie.

Pendant quelques jours, il dormit tranquille; pendant quelques nuits il se livra au divertissement de ses préférences, se berçant avec la candeur de son âge de l'espoir de jouer ainsi à la toupie jusqu'à la vieillesse la plus avancée.

Mais il arriva qu'un locataire revint de la noce à trois heures du matin. Dans le silence qui règne à pareille heure, le moindre bruit frappe l'oreille; dans l'obscurité, la moindre lueur se perçoit; le locataire attardé fut donc tout surpris de voir de la lumière au soupirail de la cave et d'entendre le ronflement d'une toupie. Il descendit les marches de la cave avec précaution, et, en regardant à travers les fentes d'une porte, il eut l'explication du mystère.

La portière fut éveillée : le jeune ermite fut arraché de son ermitage et enfermé dans une chambre jusqu'au jour.

Le lendemain matin, grand émoi dans toute la maison et dans le quartier : « Ah ! nous le tenons donc enfin ! » disait-on de tous côtés, car, ainsi qu'on le devine, les fournisseurs avaient fait leurs réclamations aux clients au nom desquels Ravy avait pris à crédit.

Conduit chez le commissaire de police, notre gaillard, invité à dire comment il s'était introduit dans la cave, raconta que cette cave était celle dont ses parents avaient eu la jouissance ; qu'en déménageant, il en avait pris la clef ; ses parents, croyant l'avoir perdue, en avaient fait ajuster une autre, et tout avait été dit. Puis un soir, Ravy, mettant à exécution son plan conçu de longue main, était allé s'installer dans le gîte singulier où il a passé quatre jours et quatre nuits au sein de l'abondance et de la toupie.

Traduit en police correctionnelle pour escroquerie, Ravy a été acquitté à raison de son âge, mais le tribunal l'a envoyé, pendant quatre ans, dans une maison de correction.

UN AMI INCONSOLABLE

Comme Chapelle et Bachaumont pleurant, après boire, Pindare, mort deux mille ans avant leur naissance, Cote, les jours d'ivresse, voit renaître une douleur que son état seul peut expliquer, et elle le trouble tellement qu'il en arrive à voler.

M. LE PRÉSIDENT. — Qu'avez-vous à dire pour votre défense?

COTE. — Le chagrin, mon président, le chagrin...

M. le président. — Vous volez par chagrin?

Cote. — Ah! que vous connaissez mal mon cœur humain, mon magistrat! Mais l'homme qui a du chagrin ne sait pas ce qu'il fait, c'est connu; tous les géomètres vous le diront. (*Rires*.)

M. le président. — Quel chagrin avez-vous donc?

Cote. — J'ai perdu mon meilleur ami.

M. le président. — Quand cela? Le jour du vol?

Cote. — Il y a dix-huit ans (*Rires*), un homme avec qui j'ai bu pendant plus de vingt ans, sans jamais avoir de discussion ce qui vous tiendrait dans l'œil...

M. le président. — Voyons, arrivons au fait.

Cote. — Chacun payait une tournée à son tour; jamais de querelle.

M. le président. — Assez!... Vous reconnaissez le vol?

Cote. — Le chagrin... et puis la misère, pas de pain!

M. le président. — Vous aviez de quoi en acheter, puisque vous avez dépensé 60 centimes chez le marchand de vin au préjudice duquel vous avez commis le vol : une bouteille de liqueur.

Cote. — Du vin n'est pas du pain.

M. le président. — Eh bien, il fallait acheter du pain.

Cote. — Du pain n'est pas du vin.

M. le président. — Vous avez une singulière façon de vous défendre.

Le prévenu. — Je n'avais pas la tête à moi; le chagrin... Si j'avais eu le moyen j'aurais pris un avocat; mais n'ayant pas de pain...

M. le président. — En voilà assez!

Cote. — Oui, toujours : « Fallait pas boire, » mais le pain n'est pas du vin, et quand on a du chagrin, le vin étourdit et ça n'empêche pas la faim, parce que le vin n'est pas du pain, voilà mon caractère.

Le tribunal le condamne à quatre mois de prison ; il pourra pleurer son ami à son aise.

QUI DES DEUX EST LE GENDARME?

Une femme et un gendarme sont devant le tribunal de police correctionnelle. Heureusement, l'une a les habits de son sexe et l'autre l'uniforme de son corps, sans cela on serait assez embarrassé de dire qui des deux est le gendarme, même en les voyant lutter ensemble, s'il faut en croire l'agent de la force publique aux buffleteries jaunes.

La femme est prévenue de vagabondage et de rébellion ; la rébellion, le gendarme la fera connaître; quant au vagabondage, il est établi par l'absence de ressources et de domicile de la prévenue.

M. LE PRÉSIDENT. — Vous aurez à dire qui vous êtes et ce que vous êtes, car, en fait de papiers, on n'a saisi sur vous qu'une pièce singulière quand elle est trouvée en possession d'une femme; cette pièce, c'est un certificat de libération du service militaire. (*Rires bruyants dans l'auditoire.*) Vous vous expliquerez tout à l'heure.

LE GENDARME. — J'ai arrêté sur la route cette femme, qui était en train de rouler dans la boue et d'assommer à coups de poing un individu qui, cependant, était d'une taille assez robuste; il se débattait, se débattait comme il pouvait; mais elle était à genoux sur les jambes de l'individu, et les lui maintenait : d'une main elle le tenait à la gorge, et de l'autre elle lui crevait le nez à coups de poing. Il criait : « Au secours ! à l'assassin ! »

J'ai accouru à son aide, et j'ai eu toutes les peines du monde à le débarrasser de la prévenue. J'étais parvenu à la relever, et je la tirais de toutes mes forces par un bras, mais elle avait rattrapé l'individu par les cheveux, et elle l'entraînait avec elle. Il a fini par lui faire lâcher prise, ou plutôt il s'est trouvé dégagé, parce que la poignée de cheveux s'est arrachée, et est restée dans la main de cette furie. (*Rires.*) Ah! elle en a une poigne, celle-là ! et elle tire même la savate, car elle m'a passé la jambe et m'a fait tomber. L'individu et moi, nous avons couru après elle et vous n'avez pas idée de la lutte qu'il nous a fallu soutenir pour nous rendre maîtres de sa personne ; moi, elle m'a menacé de me faire avaler mon sabre. (*Rires bruyants dans l'auditoire.*) Finalement que nous sommes parvenus à l'attacher et à l'emporter ; c'est au point qu'ayant trouvé sur elle un certificat de libération du service militaire, nous avons cru que c'était un cuirassier habillé en femme. (*Nouveaux rires.*) Seulement, comme elle n'a pas de barbe et qu'on voit bien, en la regardant, que c'est une femme, nous avons dit simplement : Avec des femmes comme ça, on ferait une rude conscription. Voilà la chose authentique et verbalisée comme j'ai eu l'honneur de la rédiger.

M. LE PRÉSIDENT (*à la prévenue*). — Pourquoi frappiez-vous un homme sur la route ?

LA PRÉVENUE. — Monsieur, parce qu'il m'a accostée en disant que j'étais la plus rude femme qu'il ait jamais vue et qu'il a voulu me faire des entreprises incongrues ; alors je lui ai posé une gifle ; sur quoi il a voulu se rebiffer, et je me suis défendue comme j'ai pu et, sans le gendarme, je succombais comme deux et deux font quatre.

M. LE PRÉSIDENT. — Ce n'est pas ce que dit le gendarme, puisqu'il déclare qu'il a eu beaucoup de peine à retirer cet homme de vos mains.

La prévenue. — J'étais si en colère que ça me donnait des forces : un homme que je ne connais pas et que sans me faire la moindre déclaration, ni me dire qu'il m'aime, il s'en vient m'appréhender d'un attentat malhonnête.

M. le président. — Nous allons l'entendre.

Le don Juan de grande route est appelé à la barre; il prétend qu'il avait un petit coup de vin et reconnaît qu'il a, en effet, plaisanté un peu avec la prévenue; mais, dit-il, si j'avais su avoir affaire à une gaillarde comme ça, je ne m'y serais pas frotté.

M. le président (à la prévenue). — Maintenant, dites-nous donc ce que c'est que ce certificat de libération du service militaire trouvé en votre possession ?

La prévenue. — Monsieur, je vas vous dire : je l'ai trouvé; alors il m'est venu une idée. Etant pas mal forte...

M. le président. — En effet, le gendarme et cet individu en savent quelque chose.

La prévenue. — Je m'ai imaginé de travailler comme homme pour gagner davantage; si bien que j'ai trouvé de l'ouvrage comme ancien militaire. (*Rires bruyants.*) J'ai été garçon de ferme, maçon, charretier, carrier; finalement qu'un jour, voilà un de mes patrons qui me dit : Ecoute, t'es un rude gars, un cheval au travail, tu ne te déranges pas, tu ne te soûles jamais, si ça te va, je te donne ma fille en mariage. (*Hilarité bruyante et prolongée.*) Vous comprenez mon embarras; j'ai été obligée de refuser; alors il s'est fâché, si bien que j'ai été obligée de lui dire la chose et qu'alors, tous les autres ouvriers sachant ça, il n'y avait plus moyen de rester; c'est donc de là que j'ai cessé de faire l'homme, et je venais à Paris quand l'affaire du gendarme est arrivée.

M. LE PRÉSIDENT. — Pouvez-vous dire chez qui vous avez travaillé?

LA PRÉVENUE. — Certainement.

La prévenue donne les noms et les adresses des divers patrons qui l'ont employée comme homme; elle fait notamment connaître celui qui lui a offert sa fille en mariage, et le tribunal remet à huitaine pour les faire citer.

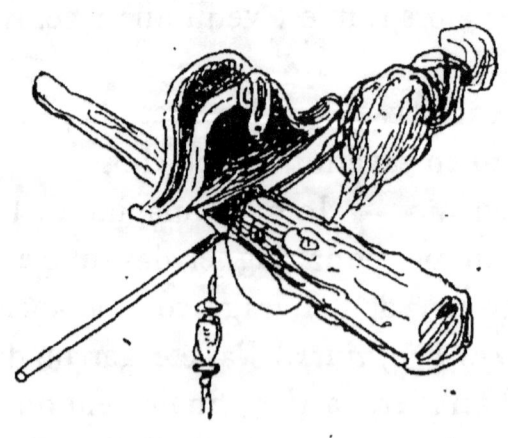

UN CHICOT OBSTINÉ

Il faut n'avoir plus la tête à soi (et en effet Grossel prétend qu'il n'a plus la tête à lui) pour faire la réponse *ad rem* que voici :

Avez-vous des antécédents judiciaires?

GROSSEL (*tenant son mouchoir sur la joue*). — Mais non, m'sieu, puisque quand on m'a arrêté, je n'avais rien sur le corps, et que les effets que j'ai là, on me les a donnés à la prison.

Mouvement de surprise dans l'auditoire, qui

semble se demander ce que le prévenu entend par antécédents judiciaires.

M. le président. — Je vous demande si vous avez déjà été condamné?

Grossel. — Mais non, m'sieu, puisque je ne suis pas encore jugé; qu'on me condamne si on veut, pourvu qu'on m'arrache ma dent. Oh! ça me tire!

M. le substitut. — Le sommier judiciaire est muet.

M. le président. — Vous êtes prévenu de vagabondage.

Le prévenu. — J'ai demandé à la prison du chloroforme pour mettre dessus avec un peu de coton, on m'a dit qu'on n'en avait pas.

M. le président. — Je vous dis que vous êtes prévenu de vagabondage; on vous a trouvé couché sur un four à plâtre.

Le prévenu. — Il y faisait pourtant chaud; eh bien, ça ne m'a rien fait du tout; je ne ferme pas l'œil... Oh! ça m'élance!

M. le président. — Vous convenez que vous êtes sans domicile et sans ressources?

Le prévenu (*à un garde municipal*). — Vous n'auriez pas un peu de tabac à fumer à me prêter pour mettre sur ma dent?

M. le président. — Répondez donc à ma question : Vous êtes sans domicile et sans ressources?

Le prévenu. — Un domicile ?... c'est pas la peine, je peux pas tenir en place depuis quinze jours, faut que je coure, que j'aille, que je vienne. Oh ! vingt-cinq chiens ! ça me fait-y mal !

M. le président. — Vous ne travaillez pas ?

Le prévenu. — Comment voulez-vous que je travaille avec ça ? J'ai mis dessus de l'eau-de-vie, du poivre, de l'oignon, du fromage de Roquefort, de la moutarde, du radis noir, ça n'y fait rien ; v'là quinze jours que je crie comme une *andouille* de Melun.

M. le président. — Enfin, comment vivez-vous donc ? Quand on vous a arrêté, vous n'aviez pas un sou.

Le prévenu. — Pardié, si j'avais de l'argent, je me ferais arracher ma dent.

M. le président. — Je vous pose de nouveau ma question : Comment vivez-vous ?

Le prévenu. — Mais je ne vis pas ; comment voulez-vous que je mange avec ça ? Il y avait un de mes amis qui m'avait indiqué un de ses parents, un ancien dentiste retiré qui n'arrache plus de dents que pour son plaisir ; j'ai été pour le voir, il venait de partir en voyage. Je ne sais plus ce que je fais, j'ai pus la tête à moi, je cours comme un cheval, ou je tourne comme un tonton ; qu'on me condamne si on veut : quand on souffre comme moi, on se fiche pas mal d'être en prison !

Le tribunal condamne le prévenu à un mois de prison.

M. le président. — Emmenez cet homme.

Grossel (*au garde*). — Vous n'avez pas seulement la valeur d'une chique ?

Il sort en causant avec le garde.

UNE CAUSE DIFFICILE A JUGER

Le père, la mère et le fils viennent s'asseoir au banc des prévenus, en pendant avec un vieux brave homme qui va se placer au banc de la partie civile.

M. LE PRÉSIDENT (*au plaignant*). — Que reprochez-vous à ces gens-là ?

Le plaignant, atteint d'un enrouement auprès duquel celui de Jean Hiroux rappellerait le timbre de la Patti, fait entendre une espèce de râlement, qu'il accompagne d'une mimique très accentuée et d'un roulement d'yeux effrayant, mais pas un traître mot n'est intelligible.

M. le président (*prêtant l'oreille*). — Quoi?

Le plaignant recommence, réunit ses efforts pour faire sortir sa voix et ne parvient qu'à mélanger son râle de quelques éclats qui rappellent les petites trompettes de bois, d'un sou, qu'on donne aux enfants.

M. le président. — Ah! cela n'ira pas tout seul. (*Rires.*) Avez-vous des témoins?

Le plaignant fait un signe affirmatif et continue *à parler* (à parler est une manière de parler).

M. le président. — Non, non, c'est inutile; nous allons entendre vos témoins.

Un témoin s'avance.

M. le président. — Levez la main.

Le témoin tend l'oreille.

M. le président. — Levez la main!

Le témoin fait signe qu'il n'entend pas.

M. le président. — Un plaignant muet, ou c'est tout comme, un témoin sourd... (*Au plaignant.*) Avez-vous d'autres témoins?

Le témoin fait un signe négatif.

M. le président. — S'il n'est pas bien explicite, voilà une affaire qui ne sera pas facile à juger.

Sur l'ordre de M. le président, l'audiencier crie

dans l'oreille du témoin de lever la main, de prêter serment, puis de dire ce qu'il sait.

Le témoin. — Moi! mais je ne sais rien.

Etonnement du plaignant, qui, avec la voix que vous savez, élève la folle prétention de se faire entendre d'un sourd; il interpelle le témoin. (*Rires bruyants dans l'auditoire.*)

L'audiencier (*au témoin*). — M. le président demande, si vous ne savez rien, pourquoi on vous a assigné?

Le témoin. — Seulement, je suis accusé d'avoir trouvé une pièce de dix sous en revenant de mon travail.

M. le président. — Il ne s'agit pas de vous, personne ne vous accuse; allez vous asseoir.

L'audiencier (*dans l'oreille du témoin*). — Allez vous asseoir.

Le témoin. — Oh! je suis pas bien fatigué.

M. le président (*au plaignant*). — Eh bien, il ne sait rien, votre témoin.

Le plaignant semble protester par ses gestes.

M. le président. — Vous ne pouvez pas le faire parler, puisqu'il ne sait rien; il n'y a que vous qui savez quelque chose, et vous ne pouvez pas parler.

Comme, en définitive, le rôle porte le mot « injures, » le tribunal, dans de pareilles circonstances, a jugé l'affaire *entendue*, et a renvoyé les trois prévenus des fins de la plainte.

TRAITÉ DU HAUT EN BAS

A moins d'être injurié d'une fenêtre du sixième quand on passe dans la rue, il est assez difficile d'expliquer ce qu'on peut entendre par être traité du haut en bas, et, dès lors, de rendre justice à M. Ligournot.

Du reste, il est plein de réticences, ce brave Ligournot. Il dit, par exemple, de son adversaire Bargon : « Cet homme-là, tel que vous le voyez, avec son air bête, a une figure bien trompeuse; »

et quand Bargon s'écrie, en ouvrant de grands yeux naïfs et étonnés : « Moi? » Ligournot complète sa pensée en ajoutant : « Oui, il est plus bête qu'il en a l'air! » ce qui lui attire cette réflexion de M. le président : « Vous vous plaignez d'avoir été injurié, et vous commencez par injurier vous-même. »

Et Bargon d'ajouter avec raison : « Si c'est pour me dire ça qu'il me fait venir ici. »

M. LE PRÉSIDENT (*au plaignant*). — Quelles sont les injures que Bargon vous aurait adressées ?

LIGOURNOT. — Oh !... il m'a traité du haut en bas.

M. LE PRÉSIDENT. — Enfin, quelles injures ?

LIGOURNOT. — Voilà comme c'est venu : Faut vous dire que mossieu Bargon est marchand de fromages, ou plutôt qu'il n'était pas marchand de fromages, mais qu'il est venu se mettre marchand de fromages, tout en face de moi, qui est marchand de fromages. (*Rires.*)

M. LE PRÉSIDENT. — Ah ! passons les fromages.

LIGOURNOT. — Bon... parce que, imaginez-vous qu'il y a sept ou huit ans je l'avais rencontré à Mémorency où j'avais été acheter des cerises, vu que j'étais marchand de cerises, et que lui, qui n'était pas marchand de cerises, s'était mis à vouloir vendre des cerises. (*Rires.*)

M. LE PRÉSIDENT. — Allons, voilà les cerises maintenant ; mais arrivez donc aux injures !

Ligournot. — Voilà : c'est venu d'une ancienne affaire, que, dans ce temps-là je vendais de la salade, et que lui, qui n'était pas marchand de salade...

M. le président. — Voulait vendre de la salade, je vous vois venir. Arrivez aux injures, ou je vous retire la parole.

Ligournot. — Eh bien, messieurs, il m'a traité... oh! mais traité... Enfin, du haut en bas, comme dit c't autre.

M. le président. — Mais quoi?... Citez donc une injure.

Ligournot. — Quoi?..... pendant une heure, monsieur, que ça a duré, devant ma propre boutique, quelles injures !... Mais, tenez, je vas vous dire d'où c'est venu : c'était dans le temps que je vendais...

M. le président. — Asseyez-vous.

Ligournot. — Alors nous avions eu...

M. le président. — Asseyez-vous. Nous allons entendre les témoins : combien y en a-t-il ?

L'audiencier. — Dix-sept, monsieur le président.

M. le président. — Le tribunal en entendra trois.

Ligournot (*s'exaltant*). — Trois! trois!

M. le président. — Si vous ne vous taisez pas, je vous fais sortir.

Ligournot. — Trois !

Les trois témoins entendus déclarent qu'ils n'ont entendu aucune expression injurieuse ; qu'ils ont seulement assisté à une discussion à propos de rivalité commerciale, à des reproches mutuels, etc.

M. le président (*au plaignant*). — Eh bien, vos témoins n'ont entendu aucune injure.

Ligournot. — Ces trois-là ; mais les quatorze autres ?

M. le président. — Que diraient-ils, les quatorze autres ?

Ligournot. — Ils diraient qu'il m'a traité du haut en bas. (*Rires dans l'auditoire.*)

Le plaignant ne sortant pas de là, Bargon a été acquitté du haut en bas.

LA LOI SUR LES OIES ROTIES

On s'instruit tous les jours. Ainsi, nous apprenons par un marchand de vin qu'il y a, relativement aux oies rôties trouvées sur la voie publique, une législation, un règlement, ou tout au moins un usage dont nous avions jusqu'ici ignoré l'existence. Ce marchand de vin a été renseigné sur ce point par ce qu'il appelle un « homme de loi, » de « l'oie » serait mieux.

Il est prévenu de vol.

M. LE PRÉSIDENT. — Eh bien, vous avez, paraît-il, trouvé une oie, et vous l'avez mangée.

LE PRÉVENU. — Oh! je ne l'ai pas mangée tout de suite.

M. LE PRÉSIDENT. — Qu'est-ce que cela fait? Tout de suite ou le lendemain, vous l'avez mangée.

LE PRÉVENU. — Faites excuse, je vas vous expliquer :

J'étais sur le devant de ma boutique; qu'est-ce que je trouve par terre, à ma porte? une oie toute chaude dans du papier. Je dis à ma femme : « Tiens, serre donc ça, en attendant qu'on le réclame. »

M. LE PRÉSIDENT. — Il fallait porter cela chez le commissaire de police.

LE PRÉVENU. — Ah! vous allez voir. J'ai été parler de ça à un homme de loi, qu'on m'avait dit que j'en trouverais un dans la cour de la justice de paix, et que, de fait, j'en ai trouvé un. Pour lors, je lui ai conté mon affaire Il m'a dit : « Pour les oies rôties, on a trois jours; passé les trois jours, on peut la manger par soi-même. » (*Rires dans l'auditoire.*) Pour lors, au bout des trois jours, comme on ne la réclamait pas, nous parlons de mettre le couteau dedans. Mais des voisins, que j'avais invités à en manger, preuve que je ne m'en cachais pas, me disent : « Si elle était empoisonnée! — Fichtre, que je dis, c'est ça qui ne serait pas drôle ! — Mais, que me dit un voisin, il y a un moyen : Donnez-en un morceau à un chien, et, s'il n'en est pas incommodé, nous ne sommes pas plus de marbre que lui, et nous pourrons manger l'oie. » Ce qui est dit est fait. Nous donnons à un chien la tête, le cou et le *gigier*, dont qu'il a été enchanté, et qu'alors, le soir, il se portait comme la société qui est ici. (*Rires*.)

Pour lors, nous avons dit : « Mangeons l'oie. » Seulement que, pour être encore plus sûrs, nous avons mis dedans cinq pièces de 20 sous dans une botte de cresson (*Rires bruyants*), et nous l'avons fait recuire, vu que les cinq pièces et le cresson auraient détruit le poison, au supposé qu'il y en aurait.

M. LE PRÉSIDENT. — En voilà assez ; nous allons entendre la rôtisseuse.

LA ROTISSEUSE. — Si j'avais été là quand on m'a volé l'oie, tout ça ne serait pas arrivé ; mais quand c'est mon mari, ça peut se faire, vu que c'est un homme qui n'a pas de tête, et qu'il la perd pour une pratique de deux sous.

M. LE PRÉSIDENT. — Voyons, il s'agit de l'oie, vous nous parlez de votre mari : arrivez donc au fait.

LA RÔTISSEUSE. — Voilà ; quatre jours après le vol de l'oie...

M. LE PRÉSIDENT. — Mais le vol, d'abord, comment s'est-il fait ?

La rotisseuse. — Ah! je ne sais pas, c'était mon mari qui n'est bon à rien; seulement, j'ai su qu'un sergent de ville avait vu le coup et avait couru après le voleur; je suppose qu'il aura jeté l'oie; si bien que, quatre jours après, une voisine vient me dire : « Si vous voulez savoir qui a volé votre oie, je vais vous le dire. »

Le prévenu. — C'est madame Bourdon, parce que je ne l'avais pas invitée à en manger sa petite part, que c'en est même dégoûtant de la part d'une dame de se venger pour un morceau d'oie.

M. le président (*au témoin*). — Enfin vous êtes allée chez le prévenu. Qu'a-t-il répondu?

La rotisseuse. — Il m'a dit : « Ah! mon Dieu! c'est à vous l'oie? — Oui, c'est à moi. — Ah! dame, c'est trop tard; on a trois jours pour les oies rôties, fallait venir avant-hier. — Alors, que je lui dis, payez-la-moi. » Il n'a pas voulu, comme étant dans son droit des trois jours; alors j'ai été au commissaire.

Le prévenu. — Je le croyais, je le croyais; je suis tout prêt à payer l'oie; c'est combien? (*Il se fouille.*)

M. le président. — Vous réglerez cela entre vous.

Le tribunal délibère.

La rotisseuse. — Elles sont hors de prix dans ce moment-ci.

Le tribunal n'a pas vu dans la cause l'intention frauduleuse voulue par la loi, le prévenu, d'ailleurs, offrant d'indemniser la plaignante. Il l'a donc acquitté; seulement l'oie va probablement lui coûter plus cher qu'au marché.

Mais il serait bon d'être fixé sur le délai de trois jours relatif aux oies rôties, au double point de vue du droit et de la fraîcheur.

UNE PASSION IRRÉSISTIBLE

Si jeune, et avoir déjà des passions irrésistibles! car Eugène Grouillard n'a que treize ans, et c'est à cet âge si tendre qu'il a été dominé par son désir d'une paire de bottes ; à ce point qu'il a volé celles de son patron, espérant, le candide enfant, que nul ne s'en apercevrait.

Et voilà que sa mère raconte au tribunal qu'entendant son fils qui faisait, en marchant, floc! floc!

floc! elle s'est aperçue qu'il était chaussé comme dans la gendarmerie à cheval.

Elle vient demander grâce pour lui, car Eugène est prévenu de vol et pleure comme un veau. « Vois-tu, z-Ugène, dit-elle (avec un cuir), que j'avais raison quand je te disais : Toi qui devrais t'être (avec un autre cuir) ma joie et le soutien de ma vieillesse, tu ne seras rien du tout, vu que tu as un défaut qui te fera grand tort : quand t'as envie de quéque chose, il faut que tu l'aies, *mordicus*, comme ton père, quand il a envie de boire, que t'es bien tout son portrait. »

M. LE PRÉSIDENT. — Adressez-vous au tribunal.

LA MÈRE GROUILLARD (*au tribunal*). — Comme votre père quand il a envie de boire, que vous êtes bien tout son portrait. (*Rires dans l'auditoire.*)

M. LE PRÉSIDENT. — Voyons, vous venez réclamer votre fils; vous ne le surveillez donc pas?

LA MÈRE GROUILLARD. — Messieurs, c'est un amour plein de qualités, que cet enfant-là.

LE PLAIGNANT (*à la barre*). — Oh! un affreux gamin rempli des défauts les plus désagréables.

L MÈRE GROUILLARD. — Peut-on s'acharner! S'acharne-t-il!

LE PLAIGNANT. — Qui m'a volé plus de dix livres de beurre en manière de pommade pour ses cheveux.

LA MÈRE GROUILLARD. — Il est coquet, c'est

vrai, mais chacun son défaut ; ça vaut mieux que vous, qu'un peigne vous est supérieur pour la propreté.

M. le président. — Voyons, pas d'altercations ! et vous, madame, taisez-vous quant à présent ; vous répondrez quand je vous interrogerai.

Le plaignant expose le fait reproché à son apprenti et conclut de la coquetterie de ce petit bonhomme qu'il y a là, comme dans la *Grande-Duchesse*, des affaires de femmes.

Ugène (*pleurant*). — Oh ! c'est moi qui m'en fiche des femmes.

La mère Grouillard. — S'il est possible de donner des idées à un innocent qui n'en a pas plus qu'un oiseau qui tette sa mère.

Ugène (*sanglotant*). — Non, je n'en ai pas, des idées ; je pensais qu'aux bottes.

La mère Grouillard. — Un enfant qu'aime à être soigné, v'là tout, et qui n'en pensait pas plus long, à preuve d'aller prendre des bottes trois fois trop grandes pour lui, car c'est pas pour dire du mal des pieds de monsieur, mais s'il mettait son soulier dans la cheminée la veille de Noël et qu'on l'emplisse, il ne resterait plus rien pour les autres. Enfin, messieurs, quand Ugène est arrivé à la maison et qu'il faisait : floc ! floc ! floc ! et que j'ai regardé ses pieds, j'en suis restée de là ! qu'on n'avait jamais vu de pareils pieds.

Le plaignant. — J'aime mieux mes pieds que le naturel de votre fils qui est dangereux pour la société ; messieurs, c'est un être malfaisant : une fois, il m'a mis de la glu dans les bords de mon chapeau. Je sors pour aller à une messe de mariage, je veux retirer mon chapeau dans l'église, je jette un cri épouvantable, mes cheveux venaient avec (*Rires*) ; une autre fois, je lui donne des huîtres à ouvrir, il les ouvre avec mon rasoir. C'est une bête venimeuse.

M. le président. — Cet enfant est bien jeune ; tout ce que vous lui reprochez est sans doute très blâmable, mais ne tombe pas sous l'application de la loi. Quant à la soustraction des bottes, elle ne semble pas accompagnée d'une intention frauduleuse. Il a mis vos bottes, mais il ne voulait sans doute pas vous les voler.

Ugène (*pleurant*). — Non, m'sieu, c'était pour aller me promener avec, nous deux Bréchot, qui en a des vieilles à son oncle.

M. le président. — Voyons, vous êtes son maître d'apprentissage...

Le plaignant. — Je ne le suis plus. Qu'on ne me parle plus de ce monstre-là.

M. le président (*au prévenu*). — Si nous vous rendons à votre mère, vous conduirez-vous mieux ?

Ugène. — Hi ! hi ! hi ! M'man ! j'le ferai plus.

La mère Grouillard. — Oui, mon chérubin ;

je vous dis : Il est gentil comme tout. Rendez-le-moi, mes bons juges, je n'ai que lui pour soutenir mes cheveux blancs.

Ugène (*sanglotant*). — Je te les soutiendrai, m'man !

Le tribunal l'acquitte.

La mère Grouillard. — Et la pile que je vas te ficher en rentrant !... Allons, remercie donc ces messieurs, sans-cœur, démagogue, incendiaire, mufle !

LE PEINTRE D'ÉCREVISSES

Après de longues années dépensées sans but arrêté, Troupigny s'est enfin, à quarante-cinq ans, décidé à adopter une carrière ; c'était une ancienne carrière qu'il avait découverte du côté de Montrouge. Comme les Pélasges qui, avec des blocs bruts, bâtirent Mycène et Tyrinthe, il se construisit, avec les pierres abandonnées, un salon, une salle à manger, une chambre à coucher, une cuisine, une cave et un grenier ; le tout de plain-pied ; agrément qu'on n'a pas dans les maisons ; et puis, pas de terme à payer, pas de réparations locatives à faire, pas de parasites nocturnes venant troubler son sommeil (tout au plus quelques rats), et, ce qui vaut mieux encore que tout cela, pas de portier et surtout pas de portière ; partant, pas de denier à Dieu, pas de bûche, pas d'étrennes, pas d'amende s'il rentre après minuit, et pas de cancans.

Malheureusement, il n'avait pu, comme les Romains, bâtir son habitation sans jour sur la rue ; si bien qu'un brigadier de gendarmerie, passant là par hasard comme le gendarme du *Hussard persécuté*, aperçut une lueur suspecte.

Or, jamais un gendarme n'apercevra une lueur suspecte sans en chercher l'explication. Le nôtre pénétra donc chez Troupigny et le trouva ivre, devant les restes d'un feu qui lui avait servi à rôtir une volaille dont les débris gisaient auprès de plusieurs bouteilles vides.

A un seul gendarme, Troupigny eût énergiquement résisté ; mais, ses organes s'étant perfectionnés avec le contenu des bouteilles, il vit plusieurs gendarmes, recula devant une lutte inutile et se laissa docilement conduire à la chambre de sûreté, se bornant à dire : « Je cède au nombre, je suis Français ; le Français ne cède qu'au nombre. Vive la Pologne ! »

Fouillé, il fut trouvé porteur d'une serrure, d'un gant de peau, d'une paire de mouchettes et d'une pipe; du reste, sale à ne pas prendre avec une fourche et le paletot percé au coude comme le pourpoint de Henri IV, détail oublié par le sculpteur du grand homme de bronze qui monte, sur le Pont-Neuf, une faction éternelle.

La pipe n'ayant rien de suspect, le gendarme la laissa à Troupigny; mais il remit les autres objets au commissaire de police, et il s'agit aujourd'hui pour notre homme d'en expliquer la possession au tribunal correctionnel, devant lequel il comparaît pour vagabondage et vol.

M. LE PRÉSIDENT. — Quelle est votre profession ?

TROUPIGNY. — Artiste.

M. LE PRÉSIDENT. — Artiste en quoi

TROUPIGNY. — Peintre spécialiste pour mon malheur; je ne sais faire que les écrevisses, alors je fiche la misère.

M. LE PRÉSIDENT. — Où aviez-vous pris cette volaille que vous aviez fait rôtir et mangée en partie quand on vous a arrêté ?

TROUPIGNY. — Je l'avais gagnée au jeu polonais.

M. LE PRÉSIDENT. — Et le vin ?

TROUPIGNY (*très surpris*). — Est-ce qu'on peut manger sans boire ?

M. LE PRÉSIDENT. — On a saisi sur vous une serrure : d'où provient cette serrure ?

TROUPIGNY. — C'est un souvenir de ma tante; alors, n'ayant pas de porte, je me suis dit : « Je garderai la serrure au cas où il m'arriverait un jour d'avoir un logement avec une porte. »

M. le président. — On a aussi trouvé sur vous une paire de gants.

Troupigny. — Une demi-paire seulement; c'est un gant que j'ai trouvé et que je mettais quand je sortais. Je tenais l'autre main dans ma poche. Moi, j'aime les gants, parce qu'on n'a pas l'air d'un va-nu-pieds.

M. le président. — Et la paire de mouchettes?

Troupigny. — Oh! une méchante paire de mouchettes toute petite; je l'ai achetée.

M. le président. — Vous n'avez pas de domicile, et vous achetez des mouchettes?

Troupigny. — Dame, le soir, je lis mon journal; ça n'est pas très propre de moucher la chandelle avec ses doigts. Oh! d'ailleurs, ça a si peu de valeur! je vous dis, des mouchettes grandes comme rien... enfin des mouchettes comme pour un homme seul.

Le tribunal l'a condamné à un an de prison.

UNE FARCE DE FUMISTE

Une farce de fumiste amène en police correctionnelle deux gamins, l'un de treize ans, l'autre de quinze, et un troisième prévenu, *discerneur* de par ses seize ans passés; c'est Bouldeveau, celui-là. Les deux autres se nomment, l'un Frolard et l'autre Tripier.

Un jeune garçon limonadier raconte ainsi au tribunal la bonne farce qu'on lui a faite :

Me promenant à Pantin, le long du canal, dit-il,

voilà que je suis accosté par ces trois jeunes gens. L'un me dit : « Donnez-moi donc du papier à cigarette. » Je fouille dans ma poche. A ce moment-là, un autre me dit : « Donnez-moi donc du tabac qui servira à faire des cigarettes avec votre papier. » Je le regarde avec épatement comme un jeune homme qu'on se fiche de lui. Voilà le troisième qui me dit : « Donnez-moi donc deux sous pour acheter des allumettes pour allumer le tabac. »

Moi, naturellement, je me dis : C'est des jeunes gens qui est rigolo, dont je ne leur donne rien du tout. Alors, voyant ça, le premier me dit : « Donnez-moi donc votre paletot et vos bottes, pour que j'aie l'air d'un jeune homme excessivement distingué comme vous. » Ah ! que je me dis, ils m'embêtent tout de même pas mal, et s'ils n'étaient qu'un, il verrait ; mais ils étaient trois... qu'ils avaient même l'air assez crapules.

Là-dessus, je vas pour m'en aller ; alors, v'là un autre qui me dit : « Oh ! regardez donc c't'écrevisse dans le canal ! » Moi, je regarde, et je ne vois pas d'écrevisse.

Tripier. — All'y était.

M. le président. — N'interrompez pas.

Le témoin. — Alors il dit : « Faut que je l'attrape. » Là-dessus, il se penche à plat ventre au bord du canal ; celui-là (Bouldeveau) le retient par les pieds, et v'là celui qui était couché qui fourre son bras dans l'eau pour faire celle d'attraper l'écrevisse. Moi, je me penche en avant pour voir l'écrevisse, mais je ne la vois pas...

Tripier. — All'y était.

Le témoin. — Là-dessus, Bouldeveau ne dit rien. A ces mots (*Rires*), je reçois une poussée dans le dos, que c'était lui, et je vas piquer une tête dans le canal.

M. le président. — Heureusement, vous savez nager?

Le témoin. — Oui, pas moins que je me suis fait fièrement du mal et trempé comme une soupe, que ça les faisait rire comme des veaux.

Tous trois. — J'ai pas ri.

M. le président (*à Tripier*). — Voyons, qu'avez-vous à dire?

Tripier. — All'y était.

M. le président. — Quoi? l'écrevisse? D'abord, elle n'y était probablement pas.

Bouldeveau. — Si ce jeune homme l'a pas vue, c'est qu'elle était rentrée dans son trou.

Frolard. — Nous connaissons bien une écrevisse.

Tripier. — Pardié... c'est rouge. (*Rires dans l'auditoire.*)

Le témoin. — Mais, m'sieu, c'est pas tout : quand j'ai eu remonté, il y en a un qui m'a envoyé dinguer ma casquette.

M. le président (*à Bouldeveau*). — C'est vous qui avez poussé ce jeune homme dans le canal?

Bouldeveau. — Non, m'sieu, il aura eu un éblouissement en regardant l'écrevisse.

Le témoin. — All' n'y était pas.

Les trois prévenus. — All'y était.

Bouldeveau est condamné à trois jours de prison, et les deux autres sont acquittés.

Bouldeveau. — J'en rappelle! All'y était.

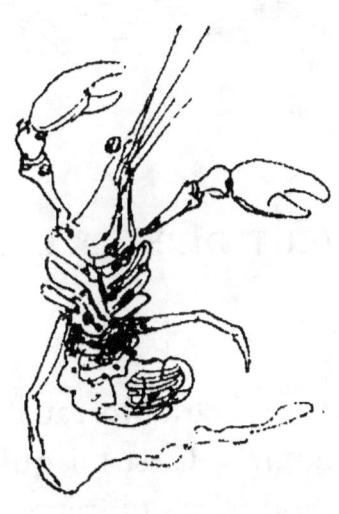

CE QUE VEUT DIRE : A L'ŒIL.

On reproche à Paturel et à Moreau d'avoir volé une bouteille de rhum. « C'est toi qui l'as prise, dit Paturel. — Pas vrai, c'est toi, répond Moreau. — Vous l'avez bue ensemble, leur dit M. le président, et, alors, l'un est au moins le complice de l'autre. »

La question parfaitement posée ainsi, on entend la cabaretière, victime du vol :

Ces messieurs, dit-elle, entrent et me demandent la goutte. Je leur sers un petit verre chacun, et je m'occupe des autres pratiques. V'là M.. Paturel qui s'en vient me dire un tas de bêtises : « que le rhum se fait avec les bottes de réforme de la gendarmerie(*Rires*), qu'on met infuser dans l'eau-de-vie ; » tout ça pour que je ne fasse pas attention à son camarade.

M. LE PRÉSIDENT. — Oui, lequel a profité de cela pour vous voler une bouteille de rhum et se sauver?

MOREAU. — C'est Paturel.

LA PLAIGNANTE. — Voilà, et M. Paturel a couru après lui ; moi, j'ai couru après eux ; mais ils avaient de meilleures jambes que moi, et ils m'ont échappé ; alors j'ai raconté l'affaire à un sergent de ville, et, une heure après, il les a trouvés prenant ensemble, et une dame, un punch au rhum.

M. LE PRÉSIDENT. — Qu'avez-vous à dire, Paturel?

PATUREL. — Moi? J'ai à dire que j'ai bu du rhum, parce que Moreau m'a invité ; mais je n'ai pas pris la bouteille.

MOREAU. — Oh! peut-on dire!...

M. LE PRÉSIDENT. — Admettons cela ; vous saviez que Moreau avait volé la bouteille?

PATUREL. — Non, m'sieu.

M. LE PRÉSIDENT. — Comment, non? et vous lui facilitez le vol en occupant la marchande de vin !

Paturel. — Les bottes de la gendarmerie ? Mais je nie ça des deux mains.

M. le président. — Et vous n'avez pas demandé à Moreau d'où il tenait la bouteille ?

Paturel. — Si, m'sieu ; il m'a dit qu'il l'avait eue à « l'œil, » ce qui veut dire à crédit.

Moreau. — A l'œil, ça veut dire à crédit ? Malheur ! ça ne connaît même pas sa langue ; ça veut dire pour rien.

Paturel. — Tu ne m'apprendras pas ce que veut dire à l'œil ; j'en fais assez usage.

M. le président. — Et vous, Moreau, vous soutenez n'avoir pas pris la bouteille ?

Moreau. — Oui, monsieur, je vous assure que c'est Paturel.

M. le président. — Alors vous êtes complice ?

Moreau. — Non, m'sieu, puisqu'il m'a dit qu'il l'avait achetée à l'œil, au contraire que ça soye moi que je lui ai dit, à ce qu'il dit.

Paturel. — Oh ! achetée à l'œil ! et tu viens de dire qu'à l'œil ça veut dire pour rien ; vous voyez, y se coupe.

Moreau. — Je dis ce que tu m'as dit ; tu ne m'apprendras pas ce que veut dire « à l'œil. »

M. le président. — Enfin, la marchande de vin a été très précise, et elle a ajouté ce détail, que vous vous êtes sauvés tous deux en riant.

Paturel. — Oh ! Moreau, j'ai t'i ri ?

Moreau.— Non, t'as pas ri. Et moi?

Paturel. — T'as pas ri non plus, mais t'as pris la bouteille.

Moreau. — Mais preuve que c'est toi, c'est que c'était ta fête... C'était-i ta fête?

Paturel.— Oui, c'était ma fête, et précisément que c'était pour me la souhaiter que tu m'as invité à boire du *ponge* à l'œil.

Moreau.— Ah! boire à l'œil! et il vient de dire que ça voulait dire à crédit; c'est lui qui se coupe.

Le tribunal a mis fin à cette discussion grammaticale en condamnant les deux prévenus chacun à trois mois de prison.

UNE FEMME QUI BAT LES HOMMES

Comme disait l'acteur Dupuis dans *Deux chiens de faïence* : Si on bat les femmes, les sergents de ville nous arrêtent ; si on se plaint à eux qu'elles nous ont battus, les sergents de ville nous blaguent : on ne sait comment faire.

Voilà ce qu'a fait M. Blaite à qui madame Desformes a donné une gifle. Il a assigné cette dame en police correctionnelle, sachant bien qu'on ne blague pas devant la justice.

Messieurs, dit M. Blaite, je commence par vous déclarer que j'ai cessé de faire ma société de M. Desformes; c'est un brave homme, mais c'est un idiot.

M. LE PRÉSIDENT. — Ah! voyons, pas d'injures.

Un monsieur, dont les yeux ressemblent à des cerises à l'eau-de-vie, s'avance à la barre et dit, d'un air étonné : Moi ?

M. LE PRÉSIDENT. — Qui êtes-vous?

M. BLAITE. — C'est lui, c'est M. Desformes.

M. LE PRÉSIDENT. — Que voulez-vous?

M. DESFORMES. — Je suis venu voir juger mon épouse, alors entendant monsieur...

M. LE PRÉSIDENT. — Allez-vous asseoir.

M. DESFORMES. — Merci, monsieur. (*Il va s'asseoir.*)

M. LE PRÉSIDENT (*au plaignant*). — Expliquez-vous et n'injuriez personne.

M. BLAITE. — Je retire le mot idiot, c'est un imbécile qui se laisse mener par sa femme...

M. DESFORMES (*même regard ahuri*). — Moi?

M. LE PRÉSIDENT. — Allez vous asseoir.

M. DESFORMES. — Merci, monsieur. (*Il va s'asseoir.*)

M. LE PRÉSIDENT (*au plaignant*). — A la première injure, je vous ôte la parole.

M. BLAITE. — Je retire le mot imbécile. J'avais pris l'habitude d'aller tous les soirs faire ma partie de piquet avec M. Desformes, qui est un jeu que j'y suis de première force, c'est pas pour dire, dont je gagnais toujours M. Desformes, ce qui fait que ça déplaisait à madame sa femme.

La prévenue. — Vous trichiez; vous aviez toujours les quatre-z-as.

M. Blaite. — Vous l'entendez, elle m'accuse de voler aux cartes. Du reste, je ne devrais pas y faire attention, c'est une femme qui boit; elle a du vin dans ce moment. Pour lors, ce soir-là, j'avais gagné; nous avions joué des grogs; au moment où j'annonce quatorze de boutons de guêtre et quinte basse... (*cherchant*). Basse? non, à la dame ou au monarque...

M. le président. — Voyons, arrivez donc aux voies de fait.

M. Blaite. — Je disais bien : « Quinte aux larbins, » qui me faisait gagner, voilà madame qui me fait sauter mon jeu en l'air et qui mêle toutes mes cartes avec les deux écarts et le jeu de son mari, censé en manière de rire... parce qu'elle venait toujours nous retrouver au café.... et puis elle prétend que je n'avais pas gagné, et elle veut que nous recommencions; moi, je n'ai pas voulu, vu que j'avais, comme je vous dis, quatorze de...

M. le président. — Pour la dernière fois, voulez-vous arriver aux voies de fait?

M. Blaite. — J'y étais; pour lors, madame me

dit : « Tenez, voilà de l'atout, c'est du pique! » et elle me flanque une gifle. Vous comprenez que je n'étais pas satisfait. Je conviens qu'un soufflet du fait et cause d'une dame n'a rien d'humiliant, mais outre que c'est dans les us et habitudes de madame...

M. LE PRÉSIDENT. — C'est entendu.

M. BLAITE. — Elle se pocharde journellement, ce qui ôte aux personnes de son sexe une partie de leur poésie...

M. LE PRÉSIDENT. — Asseyez-vous.

M. BLAITE (*s'asseyant*). — Avec ça que son cornichon de mari...

M. LE PRÉSIDENT. — Voulez-vous vous taire ?

M. DESFORMES (*s'avançant*). — Moi?

M. LE PRÉSIDENT. — Allez vous asseoir. (*A la prévenue.*) — Qu'avez-vous à dire ?

Mme DESFORMES. — J'ai à dire que monsieur est un homme sans égards pour les dames, et sans usage, et que voilà bien ses procédés de traduire une dame devant la magistrature pour...

M. LE PRÉSIDENT. — Vous convenez avoir donné le soufflet?

Mme DESFORMES. — Oui, monsieur, et qu'il faut bien avoir envie de se faire rire au nez par la société qui est ici...

M. LE PRÉSIDENT. — Asseyez-vous.

Mme DESFORMES. — Voilà mon caractère sur le

compte de monsieur, qui traite mon mari de cornichon.

Le tribunal délibère.

M. Desformes (*s'avançant*).— Moi?

L'audiencier le reconduit à sa place.

Le tribunal condamne madame Desformes à 16 francs d'amende.

LA CÉLÈBRE MALATORCHI

La mode, cette déesse capricieuse, inconstante, qui, comme le temps :

> ... Détruit tout ce qu'elle fait naître
> A mesure qu'elle le produit;

la mode qui s'immisce dans nos toilettes, dans nos repas, dans nos ameublements, dans nos constructions, ne pouvait oublier d'imposer ses caprices à notre curiosité. Que de spectacles nouveaux ne nous a-t-elle pas offerts depuis les représentations des *Mystères*! Et nos théâtres forains, quelles transformations n'ont-ils pas subies depuis cinquante ans! Bobèche a fait place à Frise-Poulet, la femme sauvage aux Nubiens et aux Esquimaux, Polichinelle à Guignol; nous n'avons plus l'homme-orchestre, mais nous avons le phoque, le grand phoque de la mer Glaciale, qui articule la syllabe *pa;* or, comme il n'y a que le premier *pa* qui coûte, il en ajoute sans peine un deuxième, et semble, au grand ébahissement de ses admirateurs, appeler, du fond de son baquet, l'auteur de ses jours resté sur les glaces du Groënland.

Et la danse de corde! Il a fallu Blondin pour montrer à la jeune génération cette chorégraphie aérienne oubliée, et qu'il a rajeunie par de plus grands périls.

Et la tentation de saint Antoine? Qui tente-t-elle à cette époque où les libres penseurs sont convaincus que la seule vraie tentation contre laquelle ce saint ermite a eu à lutter, fut celle de manger son compagnon?

Et l'assaut d'armes par des Mérignac et des Pons en jupons! Toutefois, ce genre de spectacle n'a pas complètement disparu; il est encore offert quelquefois à messieurs les soldats et à messieurs les maçons, justes appréciateurs. Ainsi, dernièrement, dans une boutique vacante d'un boulevard extérieur, la célèbre Malatorchi provoquait au combat les fines lames civiles ou militaires, s'il s'en trouvait dans l'aimable société qui lui faisait l'honneur d'écouter son boniment.

Madame Malatorchi est le dernier des Saint-Georges du beau sexe, si abondants sur la place, il y a quelque trente ans. Cette dame avait dix-huit ans, dans ce temps-là : elle n'a pas cessé de les avoir ; elle les aura tant que durera le tableau qui la représente, se fendant, à fond, sur un tambour-major stupéfait. Si vous voulez la voir boutonner le tambour-major, en maître d'armes, entrez avec confiance, et sans payer ; si vous êtes contents et satisfaits, vous donnerez, en sortant, la misère et la bagatelle de deux sous ; si, au contraire, vous n'êtes pas satisfaits... vous les donnerez tout de même. Messieurs les amateurs qui se mesureront avec madame Malatorchi sont seuls exempts de la rétribution. Qu'ils s'approchent ! qu'ils prennent les fleurets que leur présente le prévôt, M. Blavin, et qu'ils entrent... on ne leur demandera rien... que de ménager leur adversaire ; mais cette demande leur sera faite à l'oreille, si bas, si bas, si humblement... qu'il faudrait être le dernier des goujats pour persister à boutonner.

Mais que voulez-vous, il y a des gens sans égards pour le beau sexe ; Brimoint est de ceux-là ; il est vrai que madame Malatorchi n'est plus de celui-ci.

Vous ne connaissez pas Brimoint; permettez-nous de vous le présenter. Brimoint est un ancien sergent, maître d'armes dans son régiment, et, de plus, comme on dit dans le militaire, un dur à cuire, un chien fini. Or, piqué au jeu par la déclaration de M. Blavin que, quelle que soit leur force, madame Malatorchi provoquait tous les amateurs, l'ancien maître d'armes accepte un fleuret et se présente au combat.

A sa seule manière de se mettre en garde, à sa façon de *faire le mur*, de faire du torse, de faire de la cuisse, madame Malatorchi voit tout de suite qu'elle allait subir une défaite honteuse; elle fait un signe à son prévôt; aussitôt celui-ci, sous un prétexte improvisé, s'approche de Brimoint et lui glisse ces mots : « Vous êtes un crâne, ça se voit; nous n'avons ordinairement que des galettes, ménagez madame et nous boirons un litre après. »

Sur ce, on engage les épées, et un premier dégagement atteint en pleine poitrine la célèbre Malatorchi : « Touché! dit-elle, ma revanche! » Elle passe un *une, deux*. Brimoint pare, riposte, v'lan! deuxième botte en plein ; puis troisième, puis quatrième botte. Madame Malatorchi attaque et pare avec fureur ; elle perd la tête, fait des parades simples sur des *doublés,* des *contre de quarte* sur des *septimes,* et les bottes pleuvent sur elle aux rires bruyants de l'auditoire.

Brimoint, qui avait oublié la galanterie française pour ne songer qu'à son propre honneur, excité par les rires que sa victime provoque, fait voler d'un *froissé* le fleuret de madame Malatorchi, qui, alors, le traite de lâche et lui rappelle que c'est une lâcheté de désarmer un adversaire. Blavin s'en mêle; une altercation a lieu, et le prévôt envoie au maître d'armes une botte secrète avec son soulier. Brimoint tombe sur le prévôt; une lutte s'engage, des sergents de ville appelés conduisent au poste les deux champions, et les voici devant la police correctionnelle, Brimoint l'oreille à moitié arrachée et la tête enveloppée.

Il raconte qu'on l'a provoqué à l'assaut, qu'il n'a pas voulu se laisser rouler par une femme qui tire comme une moule, et il raconte la scène ci-dessus.

Blavin a été condamné à huit jours de prison, et voilà la célèbre Malatorchi perdue de réputation.

LE TIMBRE-POSTE FANTASTIQUE

Sur cent lecteurs à qui nous aurons dit que le point de départ du petit procès qu'on va lire est l'emploi inutile de trois sous, il n'y en a peut-être pas un seul qui ne fera une confusion, du reste, bien naturelle ; et, quand nous aurons ajouté que le héros de l'aventure s'est littéralement précipité dans un établissement garni d'un petit bureau, chacun de ces lecteurs perspicaces se dira d'un air extrêmement malin : « Je vois l'affaire : il s'agit d'un original qui a refusé de payer ses 15 centimes, sous prétexte qu'il s'est cru, par erreur, dans la nécessité de les dépenser. » A quoi la dame du petit bureau lui a répondu : « Mais, je n'en sais rien, moi, monsieur ; qu'est-ce qui me le prouve ? D'ailleurs, c'est le même prix. » De là une altercation et, de fil en aiguille, un délit.

Eh bien, ce n'est pas cela du tout ; il n'y a de vrai que le petit bureau. Mais d'abord, il y a plusieurs sortes de bureaux : les bureaux de tabac, par exemple, de même qu'il y a plus d'une chose qui coûte trois sous : ainsi, un timbre-poste, et c'est justement d'un timbre-poste et d'un bureau de tabac qu'il s'agit.

Quant à la précipitation avec laquelle le héros de l'aventure est entré dans ce bureau, disons que le brave homme n'était pressé que par l'heure de la poste, et toute confusion sera dissipée.

Enfin, pour compléter les préliminaires de la scène qui va suivre, mentionnons que cet homme pressé était dans un état complet d'ivresse.

Voici la scène : « Un timbre de trois sous, s'il vous plaît ! »

En possession de son timbre, notre homme le suce, le resuce, le mâchonne, le rumine, le tourne, le retourne ; puis le croyant, avec raison, suffisamment humecté, il veut le retirer de sa bouche ; il le cherche sur sa langue, puis dessous, puis à la voûte palatine, dans ses joues, sur ses gencives, dans sa dent creuse, rien! rien!... Il l'avait avalé! quand il aurait pu, pour le même prix, avaler un petit verre de plus. Aussi devine-t-on sa colère sans qu'il soit besoin de la dire; il n'eût certainement pas reculé devant l'émétique si ce vomitif n'eût pas dû coûter plus cher que ce qu'il eût fait restituer.

Enfin il se résigne à sa perte et demande un autre timbre-poste, contre trois autres sous, qu'il jette avec rage sur le comptoir.

Cette fois, pour éviter le pareil accident, il prend délicatement son timbre entre le pouce et l'index, tire la langue comme un chien qui suit l'omnibus où est son maître, lèche le signe d'affranchissement de haut en bas, de long en large, après quoi il se met en devoir de le coller sur la lettre, qu'il tenait toute prête de l'autre main.

Ici se produit une difficulté : la main, mal assurée, tente vainement de se placer juste à l'encoignure où doit être posé le malheureux timbre, et ce petit carré bleu semble vouloir couvrir, tantôt le nom du destinataire, tantôt le nom de la ville; l'ivrogne s'irrite contre ce récalcitrant inconscient : « Ah! tu veux cacher le nom, dit-il, ah! tu veux cacher la ville; ah! tu ne veux en faire qu'à ta tête, eh bien, nous allons voir qui est le plus roublard de toi ou de moi : tiens!... tu ne t'attendais pas à celle-là ? » Sur ce, il cache la suscription, ne laisse voir que la partie blanche, et, d'un air triomphant, lève sa main armée du timbre-poste, l'applique vigoureusement sur la lettre, regarde ; rien ! il avait envoyé le timbre à terre.

Le marchand de tabac et les clients présents à ce moment assistent alors à une nouvelle scène de Montauciel voulant ramasser son papier. « Ah ! ah ! te voilà, dit l'ivrogne à son timbre, tu veux faire le malin : tu sais que c'est bientôt l'heure de la levée et tu veux me la faire manquer : attends ! »

Notre gaillard s'avance en vacillant vers l'objet qu'il poursuit ; mais il dépasse le but, et quand il se retourne, le timbre avait disparu : il s'était collé à la semelle du soulier de l'ivrogne.

Furieux de cette nouvelle perte, Chérami (c'est son nom) s'arrache les cheveux, trépigne avec rage, puis, souriant tout à coup, s'écrie : « Ah ! le voilà ! » Le timbre s'était, dans les trépignements, décollé de la semelle du soulier et gisait sur le sol. Chérami veut le saisir vivement, s'allonge à terre, et quand il se relève, le timbre fantastique avait encore une fois disparu.

Exaspéré par les rires, notre furieux envoie un soufflet au marchand de tabac, sur la joue duquel on voit aussitôt apparaître le timbre, que, dans sa chute, Chérami s'était collé à la main.

La gifle avait arrêté net les rires, et quand l'ivrogne voulut se précipiter sur le détenteur inconscient de son timbre-poste, celui-ci le repoussa d'un coup de poing, et des agents, qu'on était allé quérir, arrivèrent au milieu d'une mêlée générale.

C'est ainsi que Chérami a été poursuivi pour coups et blessures.

Doux comme un mouton, d'ailleurs, ce brave homme quand il est à jeun, et il en a été quitte pour quarante-huit heures de prison, grâce à la déclaration extrêmement indulgente du marchand de tabac. Aussi Chérami lui en exprime-t-il sa reconnaissance.

« Merci, monsieur, dit-il; j'écris tous les ans à ma tante pour sa fête; je vivrais cent vingt ans, que je ne prendrais jamais mon timbre ailleurs que chez vous. »

UNE GIFLE PRESCRITE

Si le procès de M. Villeronde n'est pas venu plus tôt, ce n'est pas la faute de la justice, et il ne peut s'en prendre qu'à lui-même.

M. Villeronde a essuyé deux revers : un revers de fortune, qui l'a fait partir pour l'Amérique, et un revers de main, qui l'a fait revenir à Paris pour obtenir satisfaction de cet outrage. De retour du Nouveau Monde avec un joli sac, son premier soin, en arrivant, a été de porter plainte contre

M. Louesloup, l'auteur de la voie de fait commise.

Voici donc plaignant et prévenu devant la police correctionnelle. Louesloup affirme qu'il n'a aucun souvenir de la gifle dont réparation est demandée...

VILLERONDE. — C'est facile à dire parce qu'il y a huit ans de cela, mais moi...

M. LE PRÉSIDENT. — Je vous arrête tout de suite : le fait est prescrit.

VILLERONDE. — Monsieur, pour moi, il est aussi frais que si c'était d'hier; quand j'y pense, je me sens encore sur la figure la marque des cinq doigts et le pouce de M. Louesloup.

LOUESLOUP. — Comment, cinq doigts et le pouce? Ça ferait six alors, et le tribunal peut voir... (*Il montre ses mains.*)

VILLERONDE. — Un doigt de plus ou de moins ne change rien à la chose.

LOUESLOUP. — Non, mais ça changerait quelque chose à ma main.

VILLERONDE. — Je demande réparation d'honneur au moyen de 100 francs, et du plus de prison que le tribunal me fera l'amitié de vous accorder.

M. LE PRÉSIDENT. — Je vous répète qu'il y a prescription.

VILLERONDE. — Alors, comme ça, j'en suis pour ma gifle?

M. le président. — Il fallait porter plainte dans le délai voulu.

Villeronde. — Monsieur le président, c'est ce qu j'avais fait tout de suite; pendant ce temps-là il m'est arrivé des malheurs avec un filou qui m'a ratissé complètement, et j'ai couru après lui en Amérique.

Le tribunal renvoie Louesloup des fins de la plainte.

Villeronde. — Alors, j'en suis pour ma gifle.

Louesloup. — Mais puisque je ne m'en souviens plus, c'est comme si vous ne l'aviez pas reçue.

M. le président. — Retirez-vous.

Villeronde (*à Louesloup, en s'en allant*). — Alors l'honneur est donc satisfait.

Louesloup. — Complètement.

Villeronde. — Si c'est comme ça...

Les deux adversaires partent en causant amicalement.

LES FRÈRES HARENG

C'est tout à fait une petite Thébaïde que la maison des deux frères que voici en police correctionnelle; Etéocle et Polynice n'étaient pas plus furieux l'un contre l'autre que ne l'étaient nos deux modernes frères ennemis, le jour de la rixe sanglante dont le tribunal est saisi. Toutefois, il n'y a pas lieu d'emboucher la trompette héroïque pour chanter leur combat singulier. Nous n'en sommes pas à dire :

> . . . . . D'un œil brillant de rage,
> Dans le sein l'un de l'autre ils cherchent un passage,

et si nous avons parlé de rixe sanglante, c'est par simple allusion au coup de poing sur le nez d'un des adversaires, et qui a motivé une de ces effusions de sang qu'on arrête avec une clef dans le dos.

Et puis, on se disputait, non pas un trône, mais un fonds de boulangerie. Enfin, rien ne prêterait moins à la poésie que le nom des deux rivaux. Un poème intitulé les *Frères Hareng* serait absolument ridicule; décidément une chronique correctionnelle est bien tout ce qu'il faut. Allons-y donc, et gaiement, si nos deux héros veulent y mettre du leur.

Antoine Hareng, le vaincu, a tiré, des horions fraternels, une vengeance sans gloire : il a dénoncé Honoré Hareng, son vainqueur, au commissaire de police.

Aujourd'hui, Antoine, dont le nez est désenflé et la fureur calmée, vient chercher à excuser son frère. Voyez-vous, messieurs, dit-il, dans tout ça il n'y a pas de quoi fouetter un chat.

M. LE PRÉSIDENT. — Alors il ne fallait pas porter plainte.

ANTOINE. — Je sais bien, mais, sur le moment, j'étais si vexé d'avoir reçu ma pile... Voilà d'où c'est venu : Honoré voulait avoir le fonds du père, qui est mort il y a quelque temps; moi, je voulais l'avoir aussi; alors, quand il a boissonné un peu et moi aussi, nous nous repassons quelques gifles et nous n'y pensons plus après.

M. LE PRÉSIDENT. — Il ne s'agit pas de gifles : vous avez dit au commissaire de police que votre frère avait voulu vous assassiner, et, aujourd'hui, il n'aurait rien fait, à vous entendre.

LE PRÉVENU. — Entre frères, pensez, mon président, on s'aime, pas vrai ?

M. LE PRÉSIDENT. — Singulière façon de se le prouver.

LE PRÉVENU. — C'est le vin.

ANTOINE. — Voilà !... Sans le vin...

M. LE PRÉSIDENT. — Enfin le ministère public n'abandonne pas la poursuite ; dites ce qui s'est passé.

ANTOINE. — Eh bien, comme je vous dis, Honoré est rentré dans une abondante ivresse. La mère, qui était là, lui fait des remontrances, dont il lui répond : « Vous, m'man, vous n'avez pas la parole, vu que vous tetez pas mal votre petite goutte aussi, sans vous commander. » Parce que faut dire que c'est vrai, ça ; seulement la mère, c'est des prunes à l'eau-de-vie, presque tous les jours. Alors, moi, je fais donc aussi des reproches amicables à Honoré ; si bien qu'il me dit qu'il allait quitter ses bottes et se mettre à l'ouvrage, et il monte dans notre chambre en promettant de changer de conduite ; mais il a seulement changé de bottes. Pour lors, en redescendant, il se met à dire qu'il est l'aîné et que le fonds lui revenait de droit. Je lui réponds que la boulangerie n'a pas d'âge, dont là-dessus, nous nous chamaillons et qu'il finit par me repasser un coup de poing sur le nez, que j'ai saigné peut-être plein ce qui tiendrait dans ma casquette et que mon nez est devenu si tellement gros que ça m'en faisait loucher, et violet comme une aubergine. Moi, je me rebiffe; v'là ma sœur qui crie : « Au voleur ! » par la fenêtre; il y avait deux hommes qui passaient à ce moment-là ; au lieu de monter, en entendant crier au voleur, ils se sauvent. Alors je dis à ma sœur : « Crie au secours ! » Là-dessus, elle crie au secours ! et les voisins sont venus qui nous ont séparés.

M. le président. — Allez vous asseoir !

Antoine. — Mon président, dans tout ça, il n'y a eu que mon nez et une chaise de cassés ; le pharmacien m'a arrangé mon nez, le menuisier a arrangé la chaise...

M. le président. — En voilà assez !

Antoine. — Ah ! et puis je ne vous dis pas tout : après, en causant nous deux Honoré, nous nous sommes dit : Mais au lieu de nous battre toujours à qui aura le fonds, en nous associant, ça arrangerait tout.

M. le président. — C'est par là que vous auriez dû commencer.

Le prévenu. — Nous n'y avions jamais pensé.

Antoine. — C'est une idée qui nous est venue comme ça. Alors, à présent, nous sommes associés.

M. le président. — Si vous vous étiez associés tout de suite, vous ne vous seriez pas battus ?

Le prévenu. — Ah ! ne m'en parlez pas... je suis si vexé !...

Antoine. — Et moi, donc ! car, à présent, nous sommes très heureux.

Le prévenu. — A ça près de quelques gifles.. par-ci par-là... on n'a jamais vu deux frères plus d'accord.

Le tribunal a condamné Honoré à 50 francs d'amende ; mais, grâce à l'association, cela fait 25 francs chacun.

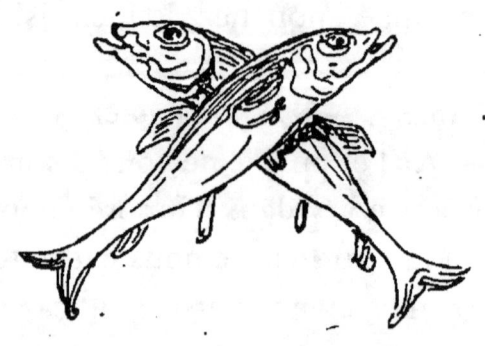

LE TAMBOUR MAGISTRAT

Ce n'est rien que de le dire, il fallait voir l'étonnement et l'écarquillement exorbitant des yeux de Bourgin, en apprenant qu'il est prévenu d'outrages et de coups à un magistrat de l'ordre administratif, le sieur Beauveau.

Beauveau. — Je vous en ai prévenu, monsieur Bourgin, que je vous mènerais loin de m'avoir outragé ; d'homme à homme dans la vie privée, bon, je suis de force à répondre, mais comme magistrat de l'ordre administratif dans mes fonctions, je m'adresse à la justice.

M. LE PRÉSIDENT. — Vous n'avez pas à interpeller le prévenu. C'est vous qui êtes le maire ?

BEAUVEAU. — Non, m'sieu, je suis le tambour communal.

M. LE PRÉSIDENT. — Alors, qu'est-ce que vous dites donc, que vous êtes magistrat de l'ordre administratif ? Cette qualité s'applique au maire, qui a été outragé par le prévenu, et non à vous.

BEAUVEAU. — Ah ! j'ai cru que...

M. LE PRÉSIDENT. — Que s'est-il passé ?

BEAUVEAU (*avec importance*). — J'ai l'honneur d'être tambour de la commune et maçon de mon état ; je venais de faire une publication à son de caisse, quand j'entendis subito un verbe insolent, qui sort d'un marchand de vin, ainsi conçu : Ton maire est un pochard, et toi aussi. J'entre dans le cabaret et je m'écrie : « Qui qui a dit ça ? » Le sieur Bourgin, qui était dans une intempérance de vin, me répond : « C'est moi, tambourinier. » Je lui dis : « Sieur Bourgin, si je n'étais pas revêtu de mon insigne... »

M. LE PRÉSIDENT. — Quels insignes ? Vous n'avez pas d'insignes !

BEAUVEAU. — Ma caisse et ma buffeterie ; je croyais que c'était des insignes ; enfin je lui dis donc ça et j'ajoute : « Je vous ficherais une paire de gifles. »

M. LE PRÉSIDENT. — Eh bien, vous avez eu tort de lui dire cela : vous deviez prendre les personnes présentes à témoin du mot outrageant adressé à M. le maire, mais non menacer Bourgin ; arrivez aux coups !

BEAUVEAU. — Voilà : il me réplique par des mots subséquents, auxquels je riposte par des sarcasses très mordants. Alors, voyant ça, il s'en prend à ma caisse, en me saisissant mes baguettes pour taper dessus, disant : « Je vas te crever ta peau d'âne ; » et sur ce, je lui réplique : « Qui insulte ma caisse m'insulte personnellement, » et sur ce, je lui pose deux gifles, je l'avoue ; alors il me saute au collet et m'allonge des coups de poing que le nez me coulait comme une borne...

M. LE PRÉSIDENT. — Eh bien, vous avez...

BEAUVEAU. — ... fontaine.

M. LE PRÉSIDENT. — Vous avez eu tort de le frapper. (*A Bourgin.*) Qu'avez-vous à dire ?

BOURGIN. — Monsieur le président, je n'ai pas dit surtout que M. le maire était un pochard. M. Beauveau cherche toutes les occasions de se donner de l'importance et de faire de l'embarras ; il est entré dans le cabaret pour me chercher une querelle d'Allemand.

Cette affaire a eu la solution qu'on a déjà prévue, l'acquittement de Bourgin.

Quant à Beauveau, il a perdu, avec son procès, une grande partie de son prestige, et il aura beau les tambouriner, il ne les retrouvera pas.

UN MONSIEUR QUI BAT LES FEMMES

On étonnerait fort les gens qui connaissent M. Ribois, si on leur disait qu'il bat les femmes! La vérité est que cet homme, inoffensif et doux, s'est oublié à envoyer à mademoiselle Justine Jambin, bonne d'enfants, un de ces coups de pied qui, généralement, ne blessent que l'amour-propre. Nous allons savoir à quelle occasion M. Ribois est sorti de son caractère.

« C'est vrai, messieurs, dit-il au tribunal de police correctionnelle, c'est malheureusement trop vrai ; j'ai cédé, pour la première fois de ma vie, à un mouvement de vivacité ; mais cette voie de fait était un coup de pied postérieur à des procédés de cette personne qui m'exaspéraient depuis longtemps. Permettez-moi de vous les faire connaître : Mademoiselle... Ah! d'abord, il faut vous dire que j'ai deux enfants... charmants. »

Rire ironique de mademoiselle Jambin.

M. LE PRÉSIDENT. — Taisez-vous! C'est inconvenant.

MADEMOISELLE JAMBIN. — Non, mais charmant est à mourir de rire.

M. RIBOIS. — Alors, mademoiselle, qui est bonne d'enfants, est chargée de garder deux polissons insupportables et si mal élevés que je défends aux miens, qui ont d'excellentes manières...

MADEMOISELLE JAMBIN. — L'un a trois ans et l'autre vingt-six mois. (*Rires.*)

M. RIBOIS. — Ils n'en ont que plus de mérite.

MADEMOISELLE JAMBIN. — Charmants!... deux gorilles!... et sales!

M. LE PRÉSIDENT. — Voulez-vous vous taire !

MADEMOISELLE JAMBIN. — Je n'ai pas besoin qu'il débine ceux de madame.

M. RIBOIS. — Finalement, messieurs, que je

défends aux miens de fréquenter les deux monstres de mademoiselle.

Mademoiselle Jambin. — Monsieur le président, monsieur me diffame, il a l'air de dire que j'élève les enfants de madame comme des petits pignoufs.

M. le président. — Je vous ai déjà engagée à vous taire.

M. Ribois. — Enfin, l'un de ces petits polissons a un petit fusil, avec une petite baguette et des petites capsules.

Mademoiselle Jambin (*riant*). — Ha! ha! ha!... C'est à s'en tenir la rate.

M. le président. — Je vais vous faire sortir.

Mademoiselle Jambin. — C'est si ridicule que je sors tout de suite. (*Elle sort.*)

M. Ribois. — Eh bien, messieurs, il a manqué de blesser mon jeune en lui fourrant la baguette dans l'oreille, si bien qu'ayant défendu à mes enfants de jouer avec ces deux drôles, savez-vous ce qu'a fait cette demoiselle ? Elle bat les miens pour les forcer à jouer avec les siens.

Mademoiselle Jambin (*au fond de l'auditoire*). — C'est pas vrai!

M. le président. — Gardes! expulsez cette femme!

M. Ribois. — Si bien que le jour en question, j'entends encore crier mes enfants; je me mets à la fenêtre pour voir; qu'est-ce que je vois? cette demoiselle flanquant des coups de torchon à ces pauvres petites créatures; oh! alors, la colère me prend, je descends; mademoiselle avait le dos tourné... et...

M. LE PRÉSIDENT. — Oui, eh bien, vous avez eu tort de la frapper.

M. RIBOIS. — Eh! monsieur, mon pied a obéi à mon cœur; quel est le père qui, en voyant donner des coups de torchon à ses enfants, pourrait rester calme? Du reste, j'ai donné congé, je m'en vais au terme; cela en mettra un à tous ces désagréments que me donne...

M. Ribois s'arrête en entendant prononcer contre lui une condamnation à 16 francs d'amende. Il sourit, remercie gracieusement le tribunal et se retire avec un air d'entière satisfaction.

LE LAPIN DE LA PORTIÈRE

Exactement comme dans la chanson de Colmance... seulement, c'est le contraire, la femme Locherot, concierge, n'entendait pas manger

> ... Un lapin succulent
> Avec la pau
> Avec la pau
> Avec la pauvre enfant;

Elle espérait bien le manger seule, et quant à la

peau, elle l'avait mise sécher à un clou dans l'allée de sa maison.

Or, la pauvre enfant, nommée femme Buron, a pris non seulement le lapin, mais encore la peau. La concierge, furieuse, lui a arraché la chair, enlevé la peau, et par-dessus le marché voilà notre voleuse en police correctionnelle.

Madame Locherot vient faire connaître au tribunal comme les choses se sont passées :

Messieurs, dit-elle, voyez tout de même comme quoi la Providence est une chose vraiment extraordinaire. J'étais sortie, sur les dix heures du soir, de ma loge, pour aller faire une petite course ; je rentre juste au moment où madame sortait de la maison ce qui est déjà le premier doigt de la Providence. Je me dis : « Tiens, d'où vient-elle donc celle-là ?... » Je la regarde, le gaz donnait juste sur elle ; à la réverbération du gaz, qu'est-ce que je vois ? Une peau de lapin qui sortait de la poche de madame : second doigt de la Providence.

Je lui dis : « Madame, ayant dépouillé un lapin tantôt, pour ma substance individuelle, je voudrais bien savoir si c'en est la peau, vu que ce qui vous sort là, ça n'est pas de naissance. »

Elle me répond : « Madame, du moment qu'elle est à vous, voici votre peau, n'en parlons plus ; je suis au-dessus d'une peau de lapin. » Là-dessus, madame me la rend et s'en va.

Ayant mis la chair du lapin dans une boîte qui me sert de garde-manger, et des fois de boîte à souliers, je m'y précipite et je ne trouve plus le lapin. Comme il n'avait pas pu s'en aller tout seul sans sa peau, je me dis : C'est ma voleuse de peau qui a la chair avec. Je sors tout de suite, je m'informe, et quelqu'un me dit qu'il venait de voir entrer madame au n° 16 de la rue Pavée. J'y cours, je trouve madame assise au pied de la loge. Je lui réclame mon lapin, elle me dit qu'elle ne l'avait pas vu. Je la fais lever, et je trouve quoi... sous son océan? mon lapin enveloppé dans un linge! Troisième doigt de la Providence.

M. LE PRÉSIDENT. — Eh bien, femme Buron, qu'avez-vous à dire?

LA PRÉVENUE. — Vous savez... on trouve une peau de lapin... alors...

M. LE PRÉSIDENT. — Pourquoi étiez-vous entrée dans la maison de la femme Locherot?... Dans le but de voler, évidemment?

LA PRÉVENUE. — Monsieur, je vous assure bien que ça n'était pas pour ça, Buron n'est plutôt pas mon nom.

M. LE PRÉSIDENT. — Alors, pourquoi y étiez-vous entrée?

LA PRÉVENUE. — C'est des choses... toujours gênantes à dire pour une dame... C'est donc, étant dans l'allée, qu'apercevant quelque chose le long

du mur, je regarde et je me dis tout de suite
« Tiens! c'est une peau de lapin. »

M. LE PRÉSIDENT. — Oui, et vous l'avez prise?

LA PRÉVENUE. — Madame peut dire que sitôt
qu'elle me l'a réclamée, je lui ai dit : « Madame,
je suis au-dessus d'une peau de lapin, » et je la
lui ai rendue.

M. LE PRÉSIDENT. — Et la chair du lapin?

LA PRÉVENUE. — Mon Dieu, voilà : ayant la peau,
je regarde; je vois une boîte où il y avait quelque
chose; je me dis tout de suite : « Tiens! c'est le
lapin dont v'là la peau... »

M. LE PRÉSIDENT.. — Vous ne l'avez pas rendu,
le lapin. Vous vous sauvez avec, vous allez au
n° 16 de la rue Pavée, vous dites à la concierge
que vous êtes blessée à la jambe, et vous lui demandez un linge pour vous panser; elle vous
donne un linge; au lieu d'envelopper votre jambe
avec, vous en enveloppez le lapin.

LA PRÉVENUE. — Monsieur, c'est un fait histori-
que que je me suis brûlée à la jambe, et que le
linge était pour ça.

M. LE PRÉSIDENT. — Mais le lapin était dedans;
qu'est-ce que c'est que ces bottines d'homme que
vous aviez à la main?

LA PRÉVENUE. — Je les avais achetées le tantôt
pour moi.

M. LE PRÉSIDENT. — Des bottines d'homme?

La prévenue. — Précisément, comme brûlée à la jambe, qu'il me les faut larges.

Le tribunal, après ces excellentes explications, ne pouvait guère faire moins que de condamner la prévenue, comme il l'a fait, à trois mois de prison.

QUEL PLAISIR D'ALLER A LA NOCE!

Quel beau jour que celui du mariage! Scribe l'a célébré dans sa charmante comédie : *Le plus beau jour de la vie,* seulement la pièce prouve absolument le contraire. Peu importe, du reste, nous n'avons point à nous occuper ici de jeunes mariés, mais uniquement des invités de la noce; c'est pour ceux-là qu'est véritablement le plaisir, surtout quand il n'en coûte rien, comme disait si agréablement madame Pochet le lendemain des noces du fils Gibou.

Il y avait donc repas et bal chez un traiteur de barrière. On avait mangé et bu abondamment, toute la noce était grise ; on s'était donné des coups de poing chez différents marchands de vin du quartier; on avait été jeté à la porte, le garçon d'honneur avait eu le nez coupé par un tesson de bouteille; enfin on s'était beaucoup amusé, tellement amusé, que le lendemain, à six heures du matin, on finit par se dire : Il est impossible de s'amuser tant que cela éternellement, réglons et allons nous coucher.

Réglons !... voilà le revers de la médaille, car ici ce n'était plus comme à la noce de Gibou fils, c'était un pique-nique.

Le pique-nique ne retire rien à l'honneur qu'on fait aux amis en les invitant; il ne retire que de l'argent de leur poche. Voici comment s'accomplit cette formalité : le garçon d'honneur met dans un chapeau deux, trois ou quatre pièces de 5 francs; chaque invité est obligé d'en mettre autant; le marié, lui, ne met rien. Seulement, quand chacun a versé ses 15 ou 20 francs pour payer le festin, s'il n'y a pas assez, il fournit le reste ; s'il y a trop.... mais il y a rarement trop.

On réglait donc le pique-nique, et tout en réglant on regardait de travers Margouillaux, qui faisait la sourde oreille à l'endroit du paiement. Bourry et Carrazin (deux invités) disaient : « C'est un carottier, il boit et gueuletonne aux dépens des autres, mais il paiera ou nous lui casserons les reins ; force fut donc à Margouillaux de *casquer* (pour parler comme les gens de la noce).

La collecte terminée, il se trouve 20 francs de trop. On propose de prendre du café pour cette somme ; la proposition est acceptée à l'unanimité, moins une voix, celle de Margouillaux. « Je prendrai ma part en vin, » dit-il. C'était son droit, et on n'entendait pas le lui contester, chacun étant venu pour s'amuser.

Sa part en vin lui fut donc servie ; il l'avait payée ; il la but, c'était juste ; il se trouva complètement ivre, c'était encore très juste ; il se vit forcé d'envoyer chercher une voiture pour retourner chez lui, c'était toujours ce qu'il y a de plus juste. Les voitures étaient rares ; on n'en trouve qu'une, Margouillaux veut la prendre, mais voilà Bourry qui s'écrie : « J'en ai plus besoin que toi, vu que je suis encore plus en ribote. »

Une discussion s'engage entre ces messieurs sur la question de savoir lequel est le plus ivre, et Bourry qui, en réalité, était le plus solide sur ses jambes, s'empare de la voiture ; Margouillaux veut l'en arracher, mais il va tomber la figure sur la roue de la voiture, qui lui enlève complètement un favori et, naturellement, la peau avec.

Furieux, Margouillaux s'attache aux habits de Bourry; celui-ci, pour se débarrasser, lui allonge un coup de pied formidable. Margouillaux chancelle et allait tomber, quand madame Bourry, d'un coup de parapluie, lui fait rattraper l'équilibre.

Les uns prennent parti pour Margouillaux, les autres pour Bourry; une bataille rangée se livre sur la voie publique, par une pluie battante; la garde arrive, et toute la noce est mise au violon, à l'exception de Margouillaux, qui était allongé dans le ruisseau et qu'on fut obligé de porter à l'hôpital. Ainsi se termina cette charmante petite fête.

Aujourd'hui, toute la noce est devant le tribunal correctionnel.

Bourry et son épouse sont prévenus de voies de fait à l'égard de Margouillaux.

Les invités ne se rappellent absolument rien de ce qui s'est passé, à l'exception d'un seul, *ingrisable* de sa nature, et c'est lui qui a raconté tous les détails ci-dessus reproduits.

Bourry a été condamné à 25 francs d'amende; quant à son épouse, elle a été acquittée..... Mais pour s'être amusé, on peut dire qu'on s'est amusé.

LE CAFÉ DE LA PORTIÈRE

L'acte le plus important de la vie d'une portière, c'est la préparation de son café au lait. C'est par là qu'elle commence sa journée ; quand elle a pris son café, elle soigne son merle, son chat, et son mari en dernier. Ne demandez rien à une portière qui a son café sur le feu ; tenant la queue de la casserole d'une main crispée par la crainte, elle couve d'un œil plein de sollicitude le lait, dont la surface ridée et boursouflée annonce qu'il va monter. En cet instant, la portière est indifférente à tout ce qui se passe sur la terre; l'arrivée de *son* journal, que le facteur lui jette par le vasistas, n'a pas même le pouvoir de la distraire de sa préoccupation, et quand on la voit assise près de son réchaud, comme Marius sur les ruines de Carthage, l'œil fixe et l'esprit tendu vers une pensée unique, comme le vainqueur de Jugurtha, on comprend ce mot d'une dame du cordon à la nouvelle d'un tremblement de terre : « Ah! mon Dieu! et ceux qui avaient leur café sur le feu! »

Malheur donc à l'importun qui, par une arrivée intempestive, cause la fuite du lait en ébullition d'une portière; madame Groisil en sait quelque chose et ce qu'il lui en a coûté, elle va le raconter au tribunal devant lequel comparaît madame Binoche, concierge.

Madame Binoche, pour paraître devant ses juges, a revêtu ses plus beaux atours. Elle a coiffé sa tête d'un chapeau orné de coquelicots, qui n'humilient pas sensiblement un nez dont la nuance ne peut être due à l'abus du café au lait; le reste de sa toilette est composé avec la même recherche, et le langage même de madame Binoche (expressions et inflexions de voix) respire un apprêt de circonstance. Ses révérences accompagnées de sourires, tout en elle, enfin, trahit sa pensée d'exercer une séduction sur ses juges.

Messieurs, dit-elle, vous m'en voyez tout évaporée de me retrouver en *compact* avec madame ; que ma scène à son égard m'a si tellement fait de mal, que je n'en suis pas remise d'avoir été humiliée par cette personne-là devant la domesticité de la maison, moi qui suis névralgique comme une *épileuse*.

M. LE PRÉSIDENT. — Tout à l'heure vous vous expliquerez.

MADAME GROISIL. — Madame, qui me traite de « cette personne, » fait la bonne apôtre à présent ; que si vous aviez vu sa précipitation sur moi comme un lion ravissant...

MADAME BINOCHE. — Ah ! Seigneur ! et vous qui m'avez porté un coup dans le sein, madame ; que si mon mari n'était pas si ombrageur de jalousie, j'aurais fait dresser un certificat par le pharmacien ; mais ces choses-là, c'est si délicat pour une dame...

M. LE PRÉSIDENT (*à la plaignante*). — A propos de quoi cette femme vous a-t-elle frappée ?

MADAME GROISIL. — A propos, monsieur, que, quand madame a son café sur le feu, il semblerait que c'est le sort de la France.

MADAME BINOCHE. — Madame, ce que vous dites là est si tellement d'une stupidité, qu'on n'en voit pas le nombre. (*Rires.*)

MADAME GROISIL. — Alors, messieurs, que j'ai eu

le malheur de venir lui parler dans ce moment-là pour lui réclamer de l'argent qu'elle me doit depuis des temps mémorables... qu'elle m'en doit... peuh! je ne sais combien... au moins! Ce qui est la vraie cause que son café s'a renversé.

Madame Binoche. — Si vous croyez... Une femme à jeun, dont je l'étais généralement.

Madame Groisil. — Oh! à jeun!... Il est au vu et au su de tout le quartier que vous buvez votre goutte en vous levant, et je crois que ce matin-là vous en aviez bu plusieurs, sans vous offenser, madame.

M. le président (*à la prévenue*). — Reconnaissez-vous avoir porté des coups à la plaignante?

Madame Binoche (*pleurant*). — Repoussée du simple coude, monsieur le président, parce qu'elle me faisait en aller mon café; là-dessus, elle m'a agonie de mots *infectueux* devant toute la domesticité, et que, Dieu merci, son argent, je lui ai offert dix fois.

Madame Groisil. — Oh! quel faux.

Madame Binoche (*s'oubliant*). — Qué que tu dis? (*Radoucie.*) Messieurs, comme v'là le saint soleil de Dieu qui nous éclaire, devant Dieu et devant les hommes. (*Rires. Il pleut à verse.*)

M. le président. — Le tribunal n'a pas à s'occuper de cela.

Madame Binoche. — Non, mais c'est parce qu'elle

dit... Mais, monsieur, à preuve que je lui ai demandé sa note.

Madame Groisil. — Je vous l'avais donnée.

Madame Binoche. — Ça, une note? Un bout de papier tout enchiffrené; on n'y voyait que des chiffres et le reste impossible à lire; si bien que je lui ai dit : « Madame, je vais faire taxer votre mémoire. »

Madame Groisil. — Taxer de l'argent prêté!

M. le président. — En voilà assez!

Madame Binoche. — Monsieur a raison; en voilà même trope.

M. le président. — Taisez-vous!

Madame Binoche. — Monsieur, je n'étais pas née pour être dans la conciergerie; je suis d'une bonne famille : mon père faisait les eaux-de-vie en gros.

Madame Groisil. — Oui, et vous les buvez en détail.

Le tribunal condamne madame Binoche à 50 francs d'amende.

L'OIE AUX MARRONS

Deux secondes plus tard, le père Gendrin était condamné par défaut, et il eût fallu tout recommencer un autre jour, ce dont le marchand de vin le plus proche du Palais ne se serait, d'ailleurs, pas plaint, étant entendu que le bonhomme en question avale plus aisément un litre que quelques heures d'attente.

Or, depuis dix heures et demie qu'il est arrivé

au tribunal, jusqu'à deux heures qu'il a vainement attendu l'appel de son nom, le père Gendrin était resté sans boire ; une suspension d'audience étant prononcée à cette heure, il se dit que c'était l'occasion d'en employer la durée agréablement ; cette durée, il l'a outrepassée, et on l'appelait pour la troisième fois, lorsqu'il arrive tout essoufflé : « Présent ! crie-t-il, » et il s'avance, comme s'il entrait dans un salon, saluant respectueusement le tribunal, le greffier, l'huissier, les gendarmes, les avocats, et il aurait salué l'auditoire s'il n'eût été interrompu dans ses politesses par M. le président, qui l'admoneste pour s'être absenté.

Le père Gendrin (*souriant*). — C'est vrai que j'ai manqué de manquer mon jugement. Faites excuse, mon juge et la compagnie, si c'est un effet, ayant eu besoin d'un petit rafraîchissement, que je viens de prendre avec du petit salé, étant à jeun et qu'il est... (*regardant la pendule*), le tribunal retarde ; j'ai l'heure de Clichy-la-Garenne. (*Il tire sa montre.*)

M. le président. — Voyons, donnez vos noms.

Le père Gendrin fait connaître son état civil, puis attend, avec un gracieux sourire, que M. le président l'interroge.

Ce brave homme, à la figure franche et épanouie, est pourtant l'objet d'une prévention honteuse, dont, à vrai dire, il n'a pas l'air de se douter : il est prévenu d'outrage public à la pudeur.

Un gendarme explique les circonstances du délit, qui, après la déposition de ce représentant de la force publique, perd beaucoup de sa gravité.

« Mon Dieu! dit-il, je n'aurais pas arrêté pour ça le père Gendrin, que je connais anciennement... »

Le père Gendrin (*s'inclinant*). — Vous, pareillement, gendarme, vous êtes bien aimable.

Le gendarme. — C'est venu à la suite d'un bal où le père Gendrin était...

Le père Gendrin. — De noce, mon président.

Le gendarme. — Et qu'il avait quitté un instant, se trouvant indisposé.

Le père Gendrin. — L'oie aux marrons; ça m'a fichu une indigestion!...

Le gendarme. — Je passais par là à ce moment; je crois voir un chien au bas du mur; il faisait très noir; je m'approche : pas du tout, c'était le père Gendrin. Je lui dis de s'en aller; il me répond : « Vive Garibaldi! » ce qui prouvait qu'il avait bu, vu que ça n'avait aucun rapport; alors, comme il ne voulait pas s'en aller...

Le prévenu. — Gendarme, je vous ai prié d'attendre deux minutes.

M. le président. — Taisez-vous!

Le prévenu (*d'un air gracieux*). — Avec plaisir.

Le gendarme. — J'ai voulu le faire en aller de force ; alors il m'a résisté avec violence ; c'est là-dessus que je lui ai dressé procès-verbal pour rébellion et outrage à la pudeur.

Le prévenu. — Ça s'appelle outrage à la pudeur ? Alors, gendarme, pourquoi, quand je m'ai plaint à vous que le chien du charron fait des outrages à la pudeur dans mon escalier...

M. le président. — Voyons, expliquez-vous.

Le prévenu. — Le soir, on descend sans lumière, on ne sait pas où on met les pieds ; on a beau ne pas être un réactionnaire, ça n'est pas agréable.

M. le président. — Qu'avez-vous à dire pour votre défense ?

Le prévenu. — Mon président, j'ai à dire d'abord que la chose que dit le gendarme (*pas la rébellion, l'autre*), ça n'était pas dans le bal. *Rires.*)

Le gendarme. — Il n'aurait plus manqué que ça.

Le prévenu. — C'est pour dire que ce n'était pas en public.

M. le président. — C'était sur la voie publique.

Le prévenu. — Il faisait noir, qu'un nègre lui-même en aurait eu peur..

M. le président. — Enfin, vous reconnaissez les faits ?

Le prévenu. — Sans l'oie aux marrons, ça ne serait pas arrivé, et même si le gendarme avait attendu deux minutes.....

Le tribunal le condamne à six jours de prison.

Le père Gendrin.— Merci bien, m'sieu le tribunal, messieurs et la compagnie, j'ai l'honneur de vous présenter mes respects. (*Au gendarme, en sortant :*) Manquez pas, gendarme, de dire au charron que son chien... (*Il sort.*)

CONCURRENCE AUX BOUILLONS DUVAL

Voyez à quel degré de prospérité pourraient arriver, par un travail honnête, des gens qui ont l'imagination de Taboureau, Cérisier et Chotal, fondateurs d'un commerce de bouillons gras et maigres, qu'ils livraient à des prix défiant toute concurrence : 10 centimes au lieu de 30.

Serait-ce que leurs bouillons étaient mauvais?

Loin de là : ils étaient supérieurs à ceux des meilleurs restaurants ; voici le secret :

Taboureau et Cérisier partaient ensemble, ayant chacun un grand seau de zinc à la main. Taboureau tenait, en outre, un objet soigneusement caché sous ses vêtements ; nous saurons tout à l'heure ce qu'était cet objet.

Muni d'une liste de noms relevés dans le Bottin, Taboureau entrait dans une maison, jetait un de ces noms au concierge qui lui indiquait l'étage du locataire et montait par l'escalier de service sur lequel donnent les cuisines, dont la porte est, la plupart du temps, ouverte.

Si la cuisinière était absente, il découvrait la marmite, tirait de dessous son vêtement un de ces tubes en étain destinés à des bouillons d'une autre espèce et qui s'administrent dans une direction opposée ; il le plongeait dans la marmite, l'emplissait par aspiration, le replaçait sous son vêtement et allait le vider dans un des seaux laissés à la garde de Cérisier et destinés à recevoir, l'un le bouillon gras, l'autre le bouillon maigre.

Si Taboureau trouvait la cuisinière, il demandait à parler à la maîtresse, et pendant le peu d'instants qu'on le laissait seul, notre homme, n'ayant d'yeux fixés sur lui que ceux du bouillon, exécutait sa petite manœuvre.

Si la porte était fermée, il frappait, demandait à

parler à la dame du logis; le reste comme ci-dessus

Un jour on exploitait une rue, le lendemain on en exploitait une autre, et l'on entretenait ainsi l'établissement tenu par Chotal, troisième associé.

Notre pompeur de bouillon, tout voleur consommé qu'il soit, fut enfin pris en flagrant délit et arrêté, ainsi que ses complices, et tous trois condamnés à six mois de prison chacun. Il ne leur reste plus de leur établissement de bouillon que les yeux pour pleurer.

ORESTE ET PYLADE

Si nous ne disons pas que Fondant et Garancier s'aimaient comme Castor et Pollux, c'est qu'au rebours de ces deux frères, on ne les voit jamais ensemble. A cela près, du reste, amis depuis le jour où, ivres-morts, ils s'étaient réveillés chez un marchand de vin dans les bras l'un de l'autre.

On aime à retrouver l'ami
Qu'on a rencontré sous la table,

dit la chanson. Un jour donc, Fondant et Garancier se retrouvaient dans la rue : « Te v'là, me v'là ; allons prendre un verre ! » Ce dont ils avaient, d'ailleurs, autant besoin qu'une rivière a besoin d'eau, exception faite du Paglion, à qui il ne manque que cela pour qu'on puisse dire qu'il coule à Nice.

Étant donné l'état dans lequel étaient nos deux amis avant de prendre un nouveau verre, on devine sans peine ce qu'ils étaient après l'avoir pris, accompagné de plusieurs autres. Disons pourtant que Fondant était encore assez solide de la tête pour concevoir l'idée de prendre le porte-monnaie de Garancier et assez solide des jambes pour mettre son plan à exécution.

Nous parlons d'après la prévention. Nous verrons tout à l'heure si elle est suffisamment établie.

Donc, Fondant est traduit en police correctionnelle pour vol au poivrier. Le poivrier, c'est Garancier, et voici les seuls renseignements que celui-ci peut donner au tribunal :

Ayant pris plusieurs consommations, nous deux Fondant, que nous en avions déjà pas mal avant, dont c'est moi qui ai régalé comme lui n'ayant pas rien de rien dans sa poche, je veux tout de même aller à mon travail qui était donc rue du Mail et qu'il me fait un bout de conduite. Pour lors, en route, nous nous reposons chez plusieurs marchands de vin, si bien qu'arrivé rue Pagevin, j'étais si tellement ivre-mort que Fondant me dépose à l'entrée d'une allée. Pour ce qui est à partir de ce moment-là, je ne me rappelle pas ce qui me tiendrait dans l'œil; seulement que je l'ai bien senti tout de même qui farfouillait dans ma poche et que je lui ai même dit : Ce que tu fais là, c'est une saleté à mon égard. Voilà tout ce que je sais.

M. LE PRÉSIDENT. — Il savait que vous aviez de l'argent?

GARANCIER. — C'est sûr et certain comme ayant vu ma monnaie quand j'ai payé les consommations, dont il me restait bien une bonne pièce ronde de 14 francs et 8 sous au moins.

Un témoin est entendu : Passant rue Pagevin, dit-il, je vois du monde amassé autour d'un homme ivre, qui était allongé sur le trottoir.

GARANCIER (*de sa place*). — C'était moi.

LE TÉMOIN (*se retournant*). — Ah!... possible, je ne vous reconnais pas.

GARANCIER. — Oui, mais moi, je me reconnais.

LE TÉMOIN. — Auprès de lui était celui-ci (*le prévenu*) qui fouillait l'ivrogne.

GARANCIER (*froissé*). — Ivrogne!

M. LE PRÉSIDENT. — Taisez-vous donc!

LE TÉMOIN. — Le pochard, si vous aimez mieux.

GARANCIER. — J'aime mieux ça.

Le témoin. — J'interpelle l'individu; il me répond qu'il est l'ami de l'ivrogne.

Garancier. — Encore !

Le témoin. — Du pochard, pardon, et il ajoute qu'il allait lui chercher une voiture pour le porter chez lui. On lui dit : « Il y a des voitures sur la place des Victoires. » Alors, il y va, je le suis et je le vois qui fait semblant de parler à un cocher.

Le prévenu. — Comment, semblant ?

M. le président. — Vous vous expliquerez tout à l'heure.

Le témoin. — De là, il s'en va du côté des Petits-Pères; alors je l'ai signalé à un sergent de ville qui l'a arrêté.

Fondant. — J'allais place des Petits-Pères pour chercher un autre cocher, vu que sur la place des Victoires... Voilà comme c'est arrivé : étant primo, d'abord, très loin de la rue du Mail; il y avait loin... heu... oh ! de là à la rue du Mail il y avait la distance au moins de trente marchands de vin.

M. le président. — Voyons, passons les marchands de vin.

Fondant. — Alors, ça ira plus vite. Finalement que mon ami, arrivé rue Pagevin, ne peut plus aller et qu'il se couche sur le trottoir. Je le pose à l'entrée d'une allée et je vas dans la maison demander un verre d'eau pour mon ami, mais il n'en a pas voulu. Alors, je prends son porte-monnaie dans sa poche, au vu et au su de la société qui était présente.

M. LE PRÉSIDENT (*au témoin précédent*).— Est-ce qu'il prenait le porte-monnaie ostensiblement?

LE TÉMOIN. — Oh! parfaitement; il a même compté ce qu'il y avait dedans.

GARANCIER. — 14 francs 8 sous.

FONDANT. — 9 francs et 11 sous; c'est donc de là que je vas place des Victoires et que, quand je dis au cocher pourquoi c'était, il me répond qu'il ne veut pas d'ivrognes dans sa voiture.

GARANCIER. — Ivrogne!

M. LE PRÉSIDENT. — Mais faites donc taire cet homme!

FONDANT. — Alors tous les autres cochers ayant également récalcitré à emporter mon ami, j'allais donc place des Petits-Pères, quand on m'a arrêté. V'là comme c'est arrivé, qui est un fait réel.

Est-ce exact? Le tribunal, après délibération, n'a pas estimé que la preuve contraire fût suffisamment faite et il a acquitté Fondant de sa tentative de vol sur l'ivrogne... pardon, bon Garancier, sur le pochard.

UN BESOIN IMPÉRIEUX

Toute la physiologie des dames de la Halle pourrait se résumer en ces deux mots : « mauvaise tête et bon cœur, » ou bien, encore : « la main leste, mais le cœur dessus. » Il est donc absolument anormal de voir aujourd'hui, devant le tribunal correctionnel, une de ces dames sur qui s'est abattue la main leste d'une bourgeoise, précisément à propos d'un élan de cœur de la dame de la Halle.

Voici comment cette dernière raconte le fait :

Je jure devant Dieu et devant les hommes de dire la vérité, toute la vérité et rien que la vérité; d'ailleurs, il y a ici beaucoup de mes camarades qui vous diront comme par lequel...

M. le président. — Bien, bien, nous les entendrons.

La vérité est qu'une partie du personnel de la Halle est venue à l'audience, et que plusieurs de ces dames ont été placées dans la salle des témoins en attendant leur défilé à la barre; tout cela, bien entendu, pomponné, doré, enrubanné, tiré, comme on dit, à quatre épingles.

La plaignante. — La chose en un mot, c'est que madame que voici m'a donné une gifle que tout le monde s'en est retourné et que j'en suis restée comme tombée en putréfaction.

M. le président. — A quel propos la prévenue vous a-t-elle frappée?

La plaignante. — A propos de son pauvre chérubin d'enfant, une mignonne d'amour de petite fille que c'te pauvre chérie, elle avait à ce qu'il paraît besoin de... ça peut arriver à tout le monde, dont madame sa mauvaise mère la tenait par la main et que la petite pleurait disant : Maman, j'ai envie. Alors que madame la secouait par la main, comme étant en colère et disant : C'est pas pressé, tout à l'heure; là-dessus la petite criait. Alors toutes mes voisines et moi, ça nous faisait pitié de voir ça, que nous nous mettons à interloquer madame, que, là-dessus, elle nous répond des sottises. Alors, voyant ça, je sors de mon caractère et de ma boutique, et je prends l'enfant par la main pour la mener dans un petit coin; sa mère la retient ferme, moi je veux la faire lâcher en lui ouvrant la main; c'est donc de là, qu'à ce moment-là, je reçois une gifle, que j'en ai vu mes carottes toutes bleues.

M. le président (*à la prévenue*). — Reconnaissez-vous avoir frappé le témoin?

La prévenue. — Oui, monsieur, je ne dis pas, mais vous en auriez fait autant à ma place, de voir une personne qu'on ne connaît pas et qui veut se mêler de mon enfant; ça ne la regarde pas; je connais bien ma petite fille, c'est des manies qu'elle a; j'étais convaincue qu'elle demandait sans nécessité.

La plaignante. — Laissez donc!

La prévenue. — Qu'en saviez-vous?

La plaignante. — Et vous?

La prévenue. — Moi, je connais mon enfant.

La plaignante. — Elle n'est pas faite autrement que tout le monde.

La prévenue. — Avec ça, messieurs, que toutes les commères de là, des femmes pas polies et très mal élevées...

La plaignante. — Possible, mais quand nos enfants ont...

M. le président. — Taisez-vous, madame.

La prévenue. — Elles se mettent toutes à m'agonir et à vouloir me forcer à les laisser prendre ma petite; moi, ça m'a mise en colère; je sais bien ce que j'ai à faire.

La plaignante. — Votre petite fille aussi, le savait bien, ce qu'elle avait à faire.

M. le président. — En voilà assez !

La plaignante. — Mes témoins vous diront...

M. le président. — Nous ne les entendrons pas, le fait est avoué.

M. le président donne lecture de l'article du Code qui punit les voies de fait d'un emprisonnement de six jours à deux ans ou d'une amende.

La prévenue (*jetant un cri*). — Deux ans !... Je suis condamnée à deux ans !... Ah ! je me trouve mal...

M. le président. — Mais attendez donc, madame, il ne s'agit pas de deux ans.

La prévenue (*revenant subitement à elle*). — Ah ! je disais aussi...

Le tribunal la condamne à 16 francs d'amende.

La prévenue. — Ah ! monsieur ! monsieur... que je vous remercie... quand j'ai entendu deux ans...

M. le président. — Retirez-vous !

La plaignante. — Ah ben, merci !... pour 16 francs, je ne m'en priverai pas. (*A ses camarades*

qui sortent de la salle des témoins). Dites donc:...
16 francs!...

Chœur indigné des dames de la Halle: Oh! -
On les fait sortir.

LE CHANTAGE A LA CLARINETTE

Légalement, la prévention de mendicité relevée contre Févrolles ne pourrait pas aggraver ce délit de la simulation d'une infirmité ; mais, de fait, cet homme mendiait en feignant de jouer de la clarinette, ce qui est aussi une infirmité. M. Prud'homme a même avancé que la culture de cet instrument rend aveugle. Cependant cette question n'ayant pas été traitée à fond par la science, il est sage de persévérer dans cette croyance vulgaire, que c'est quand on est déjà aveugle qu'on joue de la clarinette.

M. LE PRÉSIDENT. — Vous reconnaissez avoir mendié ?

FÉVROLLES. — Je suis très humilié de ce que vous me dites là ; moi, mendier !

M. LE PRÉSIDENT. — On vous a vu recevoir de l'argent de personnes assises devant des cafés du boulevard.

FÉVROLLES. — Si tous les gens qui reçoivent de l'argent étaient des mendiants, à ce compte-là, tout le monde serait mendiant. Qu'est-ce que c'est qu'un mendiant ? C'est celui qui dit : « La charité, s'il vous plaît ! » Ou bien : « Ayez pitié d'un pauvre malheureux ! » Moi, je n'ai dit ni A ni B.

M. LE PRÉSIDENT. — Soit, mais on vous a arrêté ayant encore la main tendue.

FÉVROLLES. — Si on arrêtait tous les gens qui ont la main tendue, à ce compte-là, il y a ceux qui tendent la main pour voir s'il pleut, ou ceux qui font le geste de donner une poignée de main à un ami et connaissance.

M. LE PRÉSIDENT. — Vous feriez mieux de vous taire que de dire de pareilles choses. (*A un gardien de la paix, présent à la barre des témoins :*) Levez la main !

L'agent lève la main.

LE PRÉVENU. — Ainsi, voilà M. l'agent qui a la

main tendue. (*Rires*.) Vous me direz qu'elle est levée, mais c'est une simple différence de position, eh bien, il ne mendie pas.

L'agent prête serment et déclare qu'il a suivi le prévenu, l'a vu s'arrêter à la porte du café et recevoir de l'argent.

Le prévenu. — Comme artiste musicien.

M. le président. — Est-ce que vous avez une permission ?

Le prévenu. — Non ; mais alors qu'on me juge comme musicien sans permission et pas comme mendiant.

L'agent. — Il n'est même pas musicien ; il avait bien une clarinette, mais voici ce qu'il faisait : il s'approchait d'un groupe de consommateurs et faisait celui qui va jouer de la clarinette ; alors tout le monde, voyant ça, criait : « Non, non, allez-vous-en ! » et, comme il semblait persister, pour se débarrasser de lui, on lui donnait deux sous, et il s'en allait plus loin. Il a fait ce manège-là cinq ou six fois, et ça lui a réussi. Enfin, à une table, on ne lui dit rien, et on se met à le regarder ; mais comme quelqu'un le voyant rester sa clarinette à la bouche lui dit : « Eh bien, jouez donc ! » il a fini par dire qu'il ne savait pas en jouer. (*Rires bruyants dans l'auditoire.*)

M. le président (*au prévenu*). — Ainsi, vous voyez ; vous forciez les gens à vous faire l'aumône en les effrayant de votre clarinette, dont vous ne savez même pas jouer.

LE PRÉVENU.—Je n'avais pas encore eu le temps d'apprendre, l'ayant achetée la veille 3 fr. 50 à un marchand d'habits; mais je suis musicien tout de même, seulement, mon instrument, c'est l'accordéon; j'en avais un; voilà que le cuir s'est crevé; je le donne à raccommoder à un rétameur; c't imbécile croit que c'est un soufflet à musique, il y met un bout!... Je me suis tenu à quatre pour ne pas l'étrangler.

Le tribunal a condamné ce singulier artiste à deux mois de prison.

UN ENFANT DERANGE

Si la manne dont les Hébreux se nourrirent dans le désert eût été semblable à celle qui est aujourd'hui l'une des branches importantes du commerce de droguerie, les malheureux auraient inauguré singulièrement leur entrée sur la terre de Chanaan, à en juger par le jeune Bréchot, qui a fait usage de cette substance pendant une quinzaine de jours seulement.

Un droguiste, entendu, déclare que dans cet espace de temps Bréchot lui a volé au moins 12 livres de manne, dans des tonnes placées sous un hangar, au fond de la cour de sa maison, laquelle a pour locataires madame Bréchot et son fils Adolphe.

La brave dame, naturellement, vient demander au tribunal de lui rendre son héritier : Voyez-vous, messieurs, dit-elle, c'est un garçon plein de bonnes qualités, gentil comme tout, mais d'une gourmandise qui lui fera bien du tort quand il sera à son à-part. Je lui dis ça sans détours, devant vous, pour à seule fin que vous le voyiez rougir. (*Adolphe fond en larmes*.) Ah! quand tu pleureras, c'est pas ça qui rendra la manne au monsieur, que tu lui as volée, gouliaffre! sans cœur! En voilà-ti pourtant un joli régal, de manger les purgations du monde! (*Avec sévérité :*) Quand on veut manger des purgations ou autre chose, on en achète, monsieur! (*Rires dans l'auditoire.*)

ADOLPHE (*sanglotant*).— J'avais pas.... aaas.... d'argent.

LA MÈRE BRÉCHOT. — T'as les 40 sous que ton oncle t'a donnés; c'est la vérité que je te les aurais pas laissé prendre pour acheter de la manne; mais si j'aurais su que tu aurais voulu en voler, j'aurais encore mieux préféré que tu en dépenses là dedans que de me couvrir de déshonneur, ainsi que ton oncle et ton parrain.

M. le président. — Nous allons entendre le témoin, allez vous asseoir.

Le témoin s'avance.

La mère Bréchot. — Aussi c'est bien imprudent à un homme instruit comme monsieur, qui est droguiste, de laisser des friandises dans une cour (*Rires*), à même un tonneau défoncé, à la portée des enfants.

M. le président. — Allez vous asseoir, madame.

Le témoin. — De la manne, vous appelez cela des friandises? Est-ce que je pouvais supposer...

M. le président. — Levez la main.

La mère Bréchot (*revenant*). — Chacun son goût; le goût de c't'enfant-là c'est d'aimer tout...

M. le président. — Allez vous asseoir.

Le témoin dépose du fait que l'on sait.

La mère Bréchot. — Demandez à monsieur si je l'ai payé.

Le témoin. — En effet, madame m'a indemnisé.

M. le président. — Enfin, madame Bréchot, vous réclamez votre fils et vous vous engagez à le surveiller?

La mère Bréchot. — Ah! Seigneur, les jours, les nuits, je ne ferai que ça.

M. le président. — Il est en apprentissage?

La mère Bréchot. — Oh! je crois bien; il travaille avec moi.

M. le président. — Avec vous? de quelle profession?

La mère Bréchot. — Dans les visières.

M. le président. — Dans quoi?

La mère Bréchot. — Les visières de casquettes.

M. le président. — Est-il travailleur?

La mère Bréchot. — Oh! comme un petit cheval. Cependant ça m'étonnait tant de le voir quitter à chaque instant son travail, des dix ou douze fois par jour, que je me disais : « Est-ce qu'il se dérangerait? » (*Rires.*) Et une figure fatiguée!... Je ne me doutais pas de ce que c'était.

M. le président. — Enfin le tribunal va vous le rendre; mais surveillez-le mieux.

La mère Bréchot. — Je vous dis : c'est un enfant qui n'a qu'un défaut, qu'il ne faut rien lui laisser sous la main de ce qui se mange.

M. le président. — C'est entendu.

La mère Bréchot. — Si je vous disais que quand je suis malade, il m'avale mes...

M. le président. — Mais, madame, taisez-vous donc! (*Le tribunal délibère.*)

La mère Bréchot. — Mes médecines; il mange le mou du chat, le colifichet du serin, les carottes crues...

Le tribunal ordonne que le jeune Bréchot sera rendu à sa mère.

La mère Bréchot (*les mains jointes*).— Grâce! messieurs, grâce!

M. le président. — Mais votre fils est acquitté, madame; retirez-vous et allez le chercher demain matin.

UNE DATE NÉFASTE

Sous prétexte que nous sommes en thermidor, l'an 88e de la République française, on croit devoir rire de superstitions attachées à certains jours et à certaines dates; on a bien tort. On cite des esprits forts qui ont payé cher leur incrédulité à cet égard. Ainsi, par exemple, ce bohême qui, ayant donné un acompte à son tailleur, le vendredi, a fini par le payer complètement; et, depuis ce jour, il n'a pas cessé de dire : « C'est bien fait pour moi, ça m'apprendra à faire le malin. »

Voilà aujourd'hui, devant la police correctionnelle, un gaillard qui, lui, ne fait pas le malin. Il ne croit peut-être à rien du tout, mais il croit aux époques néfastes.

— Comment vous nommez-vous? lui demande M. le président.

Le prévenu. — Un vendredi 13, je suis sûr de mon affaire.

M. le président. — Comment vous nommez-vous ?

Le prévenu. — Pochon. Etre jugé un vendredi 13, c'est de mes chances.

M. le président. — Vous êtes prévenu de coups et blessures sur la personne de votre femme.

Le prévenu. — Pourquoi qu'elle n'est pas venue me dire ça ici?

M. le président. — Elle a été citée.

Le prévenu. — A la maison !... elle n'y aborde pas quand j'y suis; pensez, à présent qu'elle sait que je suis arrêté, si elle y met le pied. Elle m'a fait arrêter pour pouvoir nocer à son aise; d'ailleurs, quand même elle aurait reçu la citation, elle ne viendrait pas; elle sait bien que, si je me suis fichu en colère, c'est parce que je sais qu'il y a un garçon boulanger, que, si je n'avais pas l'œil, j'y serais en plein...

M. le président. — Enfin vous l'avez frappée?

Le prévenu. — Je viens de vous expliquer ce qui en est; mais comme c'est le vendredi 13, je suis sûr de mon affaire, vous allez me condamner. Tenez, l'idée m'en revient, c'est un vendredi que la chose est arrivée : ça m'apprendra à battre ma femme le vendredi.

M. le président. — Vous reconnaissez donc l'avoir battue?

Le prévenu. — Elle voulait sortir sans me dire pourquoi; alors je regarde à travers le carreau, et je vois le garçon boulanger dans la rue, dont qu'il l'attendait et que c'était convenu; c'est de là que je lui ai arraché la main de sur la serrure et que je l'ai attirée pour la faire rester; là-dessus elle a tombé et m'a mordu à la jambe, je me suis rebiffé.

Les témoins, entendus, déclarent que le prévenu est un brave homme, qui aime beaucoup sa femme et lui fait des scènes de jalousie peut-être justifiées.

Le prévenu. — Peut-être! J'espère que ce n'est que peut-être, car, ayant l'œil au guet, tant que j'ai été là n'y a pas eu moyen; je ne lui reproche que le boulanger, un bel homme, je ne dis pas, mais bête comme un panier.

Le tribunal acquitte le prévenu.

Le prévenu. — Je m'y attendais!... Un vendredi et un 13.

M. le président. — Vous êtes acquitté.

Le prévenu. — Je suis acquitté? Ah!... ça m'étonne. Mais, voulez-vous que je vous dise?... je vas rentrer chez moi et y trouver le boulanger avec ma femme : un vendredi 13, je suis sûr de mon affaire.

LE CATECHISME POISSARD

Si on se défend comme on peut, quand on est devant la justice, on comprend aussi très bien Boguenard disant, des explications du prévenu Biquet : « Elle est bien bonne ! »

Boguenard est une espèce de bouquiniste de quatorzième classe, dont la collection consiste en quelques volumes dépareillés, images, petits livres à 3 ou 4 sous, etc. Il a porté plainte en voies de fait contre Biquet, et il tient à peu près ce langage :

Figurez-vous, messieurs, que cet original que je ne connais pas du tout, que même j'en suis très flatté de n'en pas faire ma société...

Biquet. — Vous faut rien pour vot' politesse ?

M. le président. — Tâchez de vous taire.

Boguenard. — Il parle de politesse, vous allez voir la sienne : il m'achète un petit livre qui était le *Catéchisme poissard* de 3 sous, dont il me donne deux pièces de 10 centimes, et qu'il me dit : « Rendez-m'en un ! » C'est bon, je cherche dans ma poche : je n'avais que des 2 sous, je dis alors à cet individu : « Vous n'auriez pas un petit sou ? » Alors, messieurs, là-dessus il me répond : « Espèce de serin, de Pédezouille, d'estropié de cervelle, si j'avais des petits sous, je ne vous en donnerais pas 2 gros pour me rendre ; faut que vous soyez bête comme vos pieds pour me dire une muffeterie comme ça ».

Moi je reste en putréfaction que j'en étais abruti, qu'il me fiche tout ça au nez sans savoir seulement ce que ça veut dire. Alors je lui réponds : « Vous êtes encore un drôle de citoyen, vous ; je vous parle poliment et vous m'invectivez de grossièretés. » Alors, monsieur, là-dessus il se met à me débiter un chapelet des mille-z-horreurs de la terre et qu'il veut que je lui rende ses 2 sous.

« Alors, que je lui dis, rendez-moi mon livre et je vas vous rendre vos 4 sous. — Je te rendrai mon œil, qu'il me dit, tu m'as vendu ton livre, je le garde; tu me dois un sou, je veux mon sou. » Je lui dis : « Alors, attendez, je vas demander 2 petits sous chez le marchand de vin. » Il me répond : « Pour te sauver avec mon sou et ne pas revenir. »

Moi, la moutarde commence à me monter; je lui dis : « Est-ce que vous vous fichez de moi? Est-ce que vous croyez que je vas filer en Belgique pour vous emporter votre sou? »

Alors, monsieur, il me saute dessus pour m'arracher les deux sous, disant que, dans mon livre, il n'y avait pas d'engueulades nouvelles (parce que faut vous dire qu'il l'avait lu pendant plus d'une demi-heure), qu'il ne vaut pas plus de 2 sous, vu que tout ce qui est dedans, il le sait par cœur, que c'est le même que l'on vend depuis quarante ans, que je suis un filou, etc.

Je lui réponds que ça n'est pas de ma faute s'il n'y a plus d'auteurs nouveaux; finalement qu'il me saute au collet et que, voulant me rebiffer, il me fiche une gifle.

M. LE PRÉSIDENT (*au prévenu*).— On n'a jamais rien vu de pareil, c'est inexplicable.

BIQUET. — Mon président, il y a quiproquo.

M. LE PRÉSIDENT. — Comment, quiproquo?

Biquet. — Car, messieurs, je ne comprends pas ce particulier; je ne lui ai rien dit à lui, seulement que son livre, c'était le même qu'on vendait depuis quarante ans, dont pour lui prouver, tout ce qu'il dit que je lui ai dit, je le lisais dans son *Catéchisme poissard* pour qu'il voie bien.

Boguenard (*abasourai*). — Ah! elle est bonne!.... non, elle est bonne!

Biquet. — Tenez, mon juge, à preuve; le v'là son livre (*lisant*) : *Le Nouveau Catéchisme poissard ou l'art de s'engueuler sans se...*

M. le président. — Serrez ce livre.

Biquet. — Non, tenez, rien que ça; j'ai marqué la place de ce que j'ai dit à monsieur (*se mettant le poing sur la hanche*) : Dis donc, toi, espèce de...

M. le président. — Ah ça! est-ce que vous allez nous réciter ici le *Catéchisme poissard*?

Biquet. — C'était pour vous faire voir.

Boguenard. — Et la gifle, est-elle dans le livre?

Biquet. — Non, mais il y a giroflée à cinq feuilles pour se désaltérer.

Le tribunal condamne Biquet à quinze jours de prison.

Biquet. — Ah! ben, par exemple, je recommanderai la boutique de monsieur.

L'HOMME UNIVERSEL

Le 14 juillet, une jeune ouvrière était sur le balcon de ses patrons, lequel est placé au-dessus d'un établissement où des consommateurs se rafraîchissaient ; l'ouvrière a fait partir des pétards, les pétards ont fait partir les consommateurs, ce qui a fait partir des injures de la bouche du chef de l'établissement, et voilà une affaire en police correctionnelle.

La demoiselle fait connaître les injures dont elle

se plaint, et son adversaire est invité à s'expliquer :

Depuis le matin, messieurs, dit-il, les pétards
ne cessaient pas, ce qui renvoyait mes clients.

M. LE PRÉSIDENT.— Qu'est-ce que c'étaient que
vos clients ?

LE PRÉVENU. — Mes consommateurs.

M. LE PRÉSIDENT. — Vous êtes donc limonadier ?

LE PRÉVENU. — Oui, monsieur ; alors, pendant
que j'étais à retirer mes gaufres du moule...

M. LE PRÉSIDENT. — Vous êtes donc pâtissier ?

LE PRÉVENU. — Je fais des gaufres, seulement
pour manger avec la bière ; pour lors, voilà un
pétard qui tombe sur la montre d'un de mes clients
qui regardait l'heure ; il lâche sa montre en jurant
et il me dit : « Elle est arrêtée, il y a quelque chose
de cassé ; c'est dégoûtant, ça ! » Je lui dis : « Donnez, je vais voir ce que c'est. »

M. LE PRÉSIDENT. — Vous êtes donc horloger ?

LE PRÉVENU. — Je l'ai été autrefois ; pour lors,
je regarde la montre ; c'était un petit rouage qui
était dérangé ; je dis au client : « Il n'y a pas de mal. »
A ce moment-là, ma femme que les pétards embê-
taient rudement aussi, m'apporte mon cornet à
piston et me dit : « Embête-les avec ça, jusqu'à ce
qu'ils cessent leurs pétards. »

M. LE PRÉSIDENT. — Vous êtes donc musicien ?

Le prévenu. — J'ai tenu, dans le temps, un bal; alors, je me mets à souffler de toutes mes forces dans mon piston; pan! un autre pétard qui tombe sur le paletot d'un client et y fait une brûlure. Le client était furieux; moi je regarde le trou que ça avait fait et je dis : « Il ne faut pas plus de dix minutes pour arranger ça, ça ne se verra pas; je vas vous faire la réparation tout de suite. »

M. le président. — Vous êtes donc tailleur?

Le prévenu. — Je travaille dans ma loge.

M. le président. — Dans votre loge? vous êtes donc concierge?

Le prévenu. — Ma femme; moi, je suis simplement limonadier.

M. le président. — Oh! simplement.... Enfin reconnaissez-vous avoir injurié cette demoiselle?

Le prévenu. — Je ne me rappelle pas ce que je lui ai dit... pensez! j'étais si en colère... Je trouve d'autant plus dégoûtant de la part de mademoiselle d'avoir tiré des pétards sachant qu'elle me faisait tort, que, chaque fois qu'elle va au bal, je la coiffe gratis.

M. le président. — Vous êtes donc coiffeur?

Le prévenu. — On m'avait fait apprendre cet état-là, mais je l'ai quitté.

Le tribunal prononce une amende de 16 fr. et voilà le prévenu condamné; c'est cela de plus à ajouter à tout ce qu'il a déjà.

LA SAUCE D'UN LAPIN

Une dissertation sur les effets et les causes nous entraînerait bien loin ; Scribe a fait, d'ailleurs, là-dessus la charmante comédie du *Verre d'eau* ; on pourrait peut-être faire un pendant intitulé *le Lapin*, mais ça ne pourrait guère aller au Théâtre-Français, et bien que, depuis *l'Ami Fritz*, surnommé *Fritz Poulet*, on soit sorti des pâtés de carton, on n'a pas encore mangé de lapin dans la maison de Molière.

Donc, Boutonnier a gagné un lapin à une fête de banlieue, et cet homme doux, sobre, travailleur, de plus, tranquille comme ce Baptiste complètement inconnu, bien qu'il ait donné lieu à un proverbe, Boutonnier, ce jour-là, s'est mis au niveau de « Mes Bottes » et de « Bibi-la-Grillade, » les héros de M. Zola; il a stupéfait son portier par sa rentrée nocturne, il a cassé de la vitrerie, crevé des casseroles, battu sa femme et mis le voisinage sens dessus dessous.

Tout cela, parce que, le jour de la paie, il s'est laissé entraîner par des godailleurs à la fête en question, laissant sa femme à la maison et les enfants à leur mère, comme on laisse les roses aux rosiers. Le lapin gagné, on est allé le faire fricasser chez un marchand de vin. Toute la paie y passe... et la raison aussi, et voilà Boutonnier en police correctionnelle.

Mais il a gagné un lapin : aux petites causes les grands effets, comme nous disions en commençant, sans compter que l'homme au lapin n'est pas près d'obtenir son pardon de madame Boutonnier, habituée à porter la culotte, et pour cela, d'autant plus irritée contre son mari : « Il n'y a que le premier pas qui coûte, » dit-elle avec raison; et le premier pas de Boutonnier dans la voie de l'inconduite lui ayant coûté 35 francs, on comprend que madame Boutonnier redoute les autres.

« Avec des manières comme ça, dit-elle au tribunal, une femme et des enfants sont appelés aux fonctions de mourir de faim. Ah! messieurs, faudrait une loi contre les mauvaises coteries, les gouapeurs qui entraînent les hommes tranquilles de leur ménage; mais il n'y en a pas, et une loi ne se fait pas toute seule comme le pot-au-feu : qu'on en fasse une! »

M. le président. — Il ne s'agit pas de tout cela, madame; dites ce dont vous vous plaignez.

Madame Boutonnier. — Comment, monsieur, de quoi je me plains? Un homme qui m'a levé la main dessus, et le pied; cassé tout son intérieur, et que la robe dont j'étais investie est bonne à en faire des linges à barbe que c'est un n'haillon, et toute sa paie qu'il a mangée : 35 francs!

Le prévenu. — Joséphine, j'en ai versé diverses larmes bien amères; je ne demande rien que l'agrément de ton estime.

Madame Boutonnier. — Taisez-vous, homme monstrueux! Enfin, messieurs, qu'il était si tellement extraordinaire de fureur, que j'ai sorti de ses yeux, vu qu'il m'aurait radicalement extirpé par la fenêtre.

M. le président. — En voilà assez, taisez-vous!

Madame Boutonnier. — Comment! que je me taise?

Le prévenu. — Tiens-toi donc mobile; puisque monsieur te le dit; tu fais un tapage insignifiant.

Madame Boutonnier. — Un homme qui s'est mis dans un état d'ivre-mort, qu'il est resté plongé pendant huit heures dans une insomnie qu'on ne pouvait pas l'en extraire, et que, quand il est venu se coucher à côté de moi, qu'il jouissait d'un sommeil agité en m'envoyant des grandissimes coups de pied que j'aurais mieux aimé coucher avec un cheval.

M. le président. — Voyons, allez vous asseoir. (*Au prévenu.*) — Qu'avez-vous à dire ?

Le prévenu. — Mon président, mon opinion est que je ne me rappelle de rien du tout que du lapin.

Madame Boutonnier. — Oui, un lapin qui t'a coûté...

M. le président. — Voulez-vous vous taire !

Le prévenu. — Que tu es ennuyeuse, Joséphine, par les interruptions que tu nous procures; que même t'as un fichu caractère, et que t'aurais affaire à un autre homme qu'il te changerait conre un quarteron de tabac.

M. le président. — Asseyez-vous.

Le tribunal délibère.

Boutonnier. — Joséphine, demande ma grâce.

Madame Boutonnier. — Je te méprise, voilà ce que tu es, t'as besoin d'une leçon; la prison n'est pas faite pour les dromadaires.

Boutonnier (*au tribunal*). — Je demande à dire un mot.

M. le président. — Quel mot ?

Boutonnier. — Le mot que je suis prêt à signer que ça ne m'arrivera plus, si on veut me donner tous les matériaux pour écrire, et que si ma femme veut me pardonner, nous ne parlerons jamais de ça à qui que ce soit dans la nature humaine.

Le tribunal condamne Boutonnier à quarante-huit heures de prison.

Madame Boutonnier. — Je n'en demande pas plus; mais que si tu recommences, il y aura quarante-deux lieues entre toi et moi, toujours en montant.

LA GRENOUILLE A QUEUE

Il faut qu'un animal ait une queue ou qu'il n'en ait pas ; ainsi l'a décidé dans sa sagesse le Créateur de toutes choses, à part, bien entendu, la maxime que la sagesse de M. de la Palisse ou de M. Prudhomme eût suffi à proclamer.

Madame veuve Mirail, qui, comme toutes les veuves âgées, comble sur ses vieux jours le vide laissé par le défunt avec la société d'animaux domestiques, ne peut pas venir à bout d'avoir des animaux avec ou sans queue. Ses explications vont faire comprendre ce qu'on ne comprendrait pas sans cela.

Elle a cité sa concierge en police correctionnelle pour mutilation d'animaux domestiques.

— Figurez-vous, messieurs, dit-elle, que c'est une horreur des abominations que cette femme-là; voyez-vous, faut que ça n'ait pas plus de sensibilité qu'un rhinocéros sauvage.

La prévenue. — On me laisse traiter comme la plus vile des turpitudes et que ça n'est pas vrai, messieurs, ce que dit cette dame.

M. le président. — Vous vous expliquerez tout à l'heure.

La prévenue. — C'est tout expliqué; c'est pas moi.

M. le président. — Voulez-vous vous taire?

La plaignante. — Messieurs, j'avais un chien, joli, que c'était l'admiration de tout le monde, qu'il y a même un Anglais... ou un Espagnol... je ne sais pas au juste, seulement je sais qu'il a comme un accent gascon, eh bien, messieurs, il m'en a offert 120 fr. Une queue! ah! si vous aviez vu, un panache! (*Rires.*)

M. le président. — Arrivez au fait.

La plaignante. — Eh bien! messieurs, la pauvre bête, qui avait l'habitude de descendre dans la cour, revient... ah! messieurs, plus de queue! cou pée net, *rasibus*... et il saignait, la pauvre bête... Ça m'a fait tant de peine que, ne pouvant plus le voir en face, je m'en suis défaite. Alors, voilà qu'on me donne un angora... Ah! un manchon, un bonnet à poil... et une queue !... (*Rires bruyants.*)

M. LE PRÉSIDENT. — Voyons, abrégeons; on a encore coupé la queue à votre chat ? (*Nouveaux rires.*)

LA PLAIGNANTE. — Comme à mon chien, au ras; on ne lui a pas laissé ce qui me tiendrait dans l'œil.

LA PRÉVENUE. — Mais est-ce que ça me regarde, tout ça; est-ce que c'est moi?

M. LE PRÉSIDENT (*à la plaignante*). — : C'est tout ?

LA PLAIGNANTE. — Pour les queues coupées, oui, mais vous allez voir plus fort; je me dis : Puisque je ne peux pas conserver des animaux avec leur queue, je vais m'en procurer un sans queue, je serai sûre qu'on ne la lui coupera pas. (*Rires bruyants.*) Ne pouvant plus voir mon chat en face sans sa queue, je lui donne la volée (*Nouveaux rires*), et j'achète une grosse grenouille verte dans un bocal. Je me dis : Celle-là, on ne lui coupera pas la queue. Un jour, en rentrant, j'ouvre ma fenêtre, je vais voir ma grenouille pour savoir le temps qu'il fera le lendemain, vu que chacun sait que quand la grenouille monte, c'est que...

M. le président. — Bien, bien, terminez.

La plaignante. — Eh bien, monsieur, je la vois sur le dos, dans le fond de l'eau, qui battait ses petits flancs. Je regarde ce qu'elle pouvait avoir, et qu'est-ce que je vois ? une grande queue en plume qu'on lui avait plantée, si bien que ça lui avait perforé le tempérament... (*Hilarité bruyante et prolongée.*)

M. le président. — Enfin, vous imputez toutes ces méchancetés à votre concierge ?

La plaignante. — Monsieur, elle s'en est vantée.

M. le président. — A qui ?... où sont les témoins ?

La prévenue. — Oui, où sont-ils les témoins ?

La plaignante. — Vous les avez dépravés en leur payant du café et des cerises à l'eau-de-vie quand vous avez su que je voulais vous traîner sur les bancs de la magistrature ; alors, ils disent qu'ils ne savent rien, mais je lève la main qu'ils me l'ont dit, même que pour la grenouille, ils ont raconté, comme je demeure au premier sur le derrière, que vous aviez monté jusqu'à ma fenêtre avec une échelle, pour la martyriser la pauvre bête, en y mettant une queue dont elle est morte.

M. le président. — Enfin, madame, vous n'avez pas de témoins, votre concierge nie le fait...

La plaignante. — Une vengeance, monsieur,

parce que madame a l'habitude que les locataires aillent lui souhaiter sa fête et lui porter des lichonneries, et moi pas qui garde mon quant à soi.

M. LE PRÉSIDENT. — Tout cela est bien possible ; mais, encore une fois, nous ne pouvons pas condamner sans preuves.

Dans ces circonstances, la concierge a été renvoyée des fins de la plainte.

AH! QUE LES PLAISIRS SONT DOUX

Est-il rien de plus irritant pour le spectateur assis dans une stalle d'orchestre qu'une tête qui se place sans cesse devant ses yeux; qui, à l'invitation faite à son propriétaire, se range, puis retourne à sa place première, s'écarte de nouveau à une nouvelle invitation, et revient obstinément intercepter la vue de ce qui captive l'attention du spectateur agacé?

Bien des gens, s'ils étaient sincères, avoueraient

qu'en pareil cas, leur irritation est devenue telle qu'ils ont plus d'une fois formé, pendant un moment, si court qu'il ait été, le souhait abominablement égoïste qu'une puissance invisible vînt abattre cette tête et leur permît de voir à leur aise la jambe de la fée ou la grimace du comique de la pièce.

M. Bernardet, qui comparaît aujourd'hui devant la police correctionnelle, est une de ces natures nerveuses, irritables et curieuses; il a asséné une grêle de coups de poing sur la tête d'un pauvre jeune homme qui l'empêchait de voir le spectacle.

Messieurs, dit ce jeune homme au tribunal, ici, le n'ai plus de raisons pour taire le motif qui me faisait rester à moitié debout et gêner les personnes placées derrière moi; mais, ce jour-là il m'était impossible de le dire, et vous allez le comprendre. Une demoiselle dont j'avais fait la connaissance la veille m'avait demandé de la conduire au spectacle... Au spectacle!... jugez de ma position, il faut s'asseoir, au spectacle, et je ne le pouvais pas, étant affligé d'un énorme clou qui m'obligeait de rester debout ou couché. Refuser à cette demoiselle, je ne le pouvais pas au commencement d'une connaissance; lui dire ce qui en était, c'était me rendre ridicule à ses yeux; prétexter un manque d'argent, c'était encore pis; une affaire?... en pareil cas, les dames n'admettent pas d'affaire plus intéressante que ce qu'elles désirent. Je me décidai donc, au risque de souffrir toutes les tortures de l'enfer, à mener la demoiselle au théâtre. Je m'assieds avec précaution, mais je me relève aussitôt en étouffant un cri de douleur; il me semblait que je venais de recevoir un coup de bistouri dans une plaie vive... A peine suis-je levé, que voilà monsieur qui me crie : Assis! Je fais semblant de ne pas entendre. Assis! répète-t-il plus fort. Je feins de me rasseoir; je pose mes deux mains sur le banc, et je m'assieds comme entre deux coussins, ce qui m'empêchait de toucher au banc et rendait ma position incommode et disgracieuse, il est vrai, mais du moins tenable.

Bon! Au bout de deux ou trois minutes, la jeune personne me dit : « Tenez-moi donc mon éventail. » Bon, me dis-je; merci, me voilà bien. Je feins encore de ne pas entendre; mais, alors, cette demoiselle me regarde et me dit : « Quelle drôle de position! Vous êtes assis sur vos mains. » Le rouge me monte au visage, je retire vivement mes mains. Je tombe lourdement sur le banc; je pousse un véritable mugissement, au point qu'on me crie : A la porte! Je renfonce ma douleur et je prends la résolution de rester courbé comme si j'étais assis; mais j'étais simplement accroupi à 2 ou 3 centimètres du banc : c'était éreintant et impossible. Un moment je pus me tenir comme ça; mais peu à peu je me relevais, et cinq minutes après j'étais debout. Alors les cris : Assis! Assis! recommençaient. J'étais dans une situation effroyable.

M. LE PRÉSIDENT. — Vous avez eu tort d'aller au spectacle, puisque vous deviez gêner vos voisins; mais le prévenu a eu le tort plus grand de vous frapper.

LE PRÉVENU. — Dame! monsieur, que voulez-vous? je ne pouvais pas deviner que monsieur avait des clous, et, comme vous dites très bien, quand on a des clous, on ne va pas au spectacle; moi, j'avais donné mon argent, c'était pour voir, et toujours monsieur qui m'empêchait... S'il m'avait dit ce qu'il avait, je lui aurais conseillé d'aller se placer autre part.

M. LE PRÉSIDENT. — Il fallait vous plaindre à l'inspecteur de la salle et ne pas frapper cet homme.

Le prévenu est condamné à huit jours de prison, ce qui, après tout, est moins cruel que d'être condamné au supplice si piteusement raconté par le jeune homme à bonne fortune.

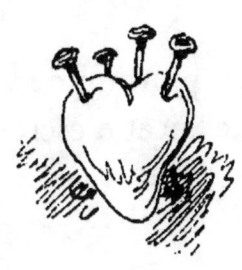

LE FIACRE-CUISINE

Les uns font leur omelette à la cuisine (c'est la majorité), Blondin fait la sienne sur une corde au-dessus du Niagara (c'est la très rare exception); Chaussepied, lui, la fait où il sera dit tout à l'heure (c'est de la haute fantaisie). Bref, chacun fait son omelette où il peut.

Notre homme est prévenu de vagabondage, et, en outre, de voies de fait et d'escroquerie envers un cocher de fiacre.

Ce cocher raconte ainsi le fait dont il se plaint :

« Monsieur, dit-il, me prend à la barrière du Maine et me dit de le conduire à l'entrée du passage Vendôme (un assez joli ruban de queue, comme vous voyez). Il avait sous le bras un gros paquet. Je monte sur mon siège, et nous voilà partis. Au bout de sept ou huit minutes, peut-être dix, je sens comme une odeur de crêpes; je me dis : Tiens, il y a quelqu'un qui fait des crêpes par ici, une friturière probablement. Je regarde à droite et à gauche, je ne vois pas de marchande de friture, avec ça que l'odeur continuait à me suivre; je reniflais! je reniflais! et je me disais : « Mais, sacristi! où que ça sent la crêpe comme ça? »

« Enfin, en me retournant, je vois des personnes qui regardaient d'un air inquiet dans ma voiture, et voilà une femme qui me dit : Mais il y a le feu dans votre voiture !... Je regarde et vois effectivement une flamme. J'arrête mes chevaux, je penche ma tête à la vitre de devant, et qu'est-ce que je vois ? monsieur, ayant d'une main une espèce de petit plat en fer-blanc qu'il tenait par la queue, et au-dessous duquel il tenait une grosse corde comme qui dirait une torche enflammée, et dans le plat il y avait une omelette en train de cuire. Je descends *dare dare* de mon siège, j'ouvre la portière et je dis à mon voyageur : « Est-ce que vous vous fichez du monde de prendre ma voiture pour une cuisine et d'y faire des omelettes dedans? » Il me répond que ça n'est pas défendu, qu'on peut faire dans une voiture ce qu'on veut. Eh bien, que je lui réponds, nous allons voir si vous avez le droit de risquer de mettre le feu à ma voiture, et de la tacher, et de l'empoisonner, que, messieurs, c'était une infection, et que par terre il y avait des coquilles d'œufs, et l'assiette où il avait battu ses œufs, qu'il en avait dégouliné et que ça avait fait des taches. Là-dessus, comme il s'était amassé du monde, et qu'un sergent de ville était accouru, je lui ai conté l'affaire; le sergent de ville a fait descendre monsieur et lui a dit de me payer. Il n'avait pas de quoi, il avait douze sous; tout le monde disait que c'était un pari qu'il avait fait; et je le croyais aussi; finalement, que, n'ayant pas de quoi me payer, le sergent de ville lui dit de venir chez le commissaire de police ; alors monsieur se retourne vers moi et me dit : Ah ! tu me fais arrêter, tiens!... Là-dessus, il me flanque deux gifles... Oh! mais aux petits oignons. »

M. LE PRÉSIDENT (*au prévenu*). — Ce qui vient d'être raconté par le témoin est l'acte d'un homme ivre, et cependant vous n'étiez pas ivre ; c'est aussi l'acte d'un homme qui a fait une gageure ; et vous n'aviez pas fait de gageure ; alors expliquez donc votre conduite.

LE PRÉVENU. — C'est bien simple : n'ayant pas

de domicile, je me fais ma petite pot-bouille comme je peux.

M. le président. — Ainsi c'est votre habitude de faire votre cuisine dans des voitures ?

Le prévenu. — Quand il fait beau, je m'en vas à la campagne sous un arbre, je fais cuire des saucisses, du boudin, n'importe quoi; je n'aime pas la gargote, j'ai été habitué à la cuisine de ménage; je me suis acheté avec mes économies un plat en fer battu, une fourchette, une assiette et un verre; alors je m'arrange comme je peux.

M. le président. — Avec vos économies... Quelles économies ? Quelle est votre profession ?

Le prévenu. — Marchand de perroquets.

M. le président. — Vous êtes marchand d'oiseaux ?

Le prévenu. — Je ne tenais que le perroquet; j'en ai rapporté des îles une vingtaine; je les ai tous écoulés, et je vis sur ce qui me reste de ma vente; j'étais cuisinier sur un navire marchand, et c'est, comme je vous dis, des îles que j'avais rapporté des perroquets; je leur avais appris à parler, ce qui fait que j'en ai tiré un bon prix.

M. le président. — Où couchez-vous donc?

Le prévenu. — La nuit je me promène; le jour, je vas à la Salle des ventes ou à la correctionnelle, et je dors là tranquillement deux ou trois bonnes heures, ça me suffit.

M. le président. — Oui; enfin, c'est une existence de vagabond; vous êtes en outre prévenu d'escroquerie : vous avez pris une voiture et vous n'aviez pas de quoi payer la course.

Le prévenu. — Ça n'est pas de l'escroquerie; on s'arrange toujours avec les gens; je me serais arrangé avec le cocher, s'il ne m'av.it pas fait arrêter. Je compte me rembarquer comme cuisinier et rapporter des perroquets et quelques singes; j'étais toujours bon pour trente sous. Pensez, m'sieu, seulement une vingtaine de perroquets et une demi-douzaine de singes qui ne me coûtent rien, ça me fait tout de suite cinq à six cents francs; ainsi je me disposais à partir au Havre pour trouver à m'embarquer comme je vous ai dit; si le cocher veut, je suis prêt à lui signer un bon pour un perroquet ou pour un singe, à son choix.

Le cocher. — J'aime mieux mes trente sous.

Le tribunal a condamné le marchand de perroquets à trois mois de prison.

LA CASQUETTE AFFRANCHIE

Pinson n'a échappé à une contravention qu'en commettant un délit, de telle sorte que d'une façon ou d'une autre il ne pouvait pas échapper à la police correctionnelle; seulement il s'est volontairement placé dans un cas plus grave que celui où l'eût mis la contravention.

Un sergent de ville expose ainsi les faits :

Je passais, sur les onze heures du soir, au moment où plusieurs personnes s'étaient rassemblées devant une petite poste et riaient aux éclats en regardant le prévenu, qui était en état d'ivresse et faisait mille efforts pour introduire dans la boîte aux lettres un paquet assez volumineux ; les uns criaient : « Il entrera ! » les autres : « Il n'entrera pas ! » Je m'approche, et je vois cet individu jurant comme un forcené après son paquet qui ne pouvait pas entrer ; je le lui retire des mains : c'était une casquette. (*Rires bruyants dans l'auditoire.*) Je lui demande s'il était fou ; il me répond : « Attendez, je vas le saucer dans le ruisseau pour qu'il entre mieux. » (*Nouveaux rires.*) Je regarde cette casquette ; il avait collé dessus un timbre-poste et une adresse sur la visière ; l'envoi était pour le département de la Creuse.

« Voyons, dis-je à cet homme, rentrez chez vous, allez vous coucher ; vous êtes ivre et vous ne savez ce que vous faites. » Il me répond très poliment : « J'y vas, mon sergent ; je mets à la poste cette casquette-là que j'envoie à mon fils, et je rentre chez moi tout de suite après. » Je lui retire de nouveau le paquet des mains ; il me l'arrache et saute sur la boîte aux lettres pour essayer encore de le fourrer dedans. En ce moment, une foule nombreuse nous entourait et grossissait à chaque instant. Je saisis cet homme, je lui prends son paquet pour la dernière fois ; alors il m'envoie un coup de poing et me saute à la gorge en criant :

« Rends-moi ma casquette, mon fils attend après ! »
Bref, un de mes collègues, étant venu à passer,
m'a prêté main-forte, et nous sommes parvenus à
traîner cet homme au poste, non sans avoir reçu
des coups de pied et des injures.

M. LE PRÉSIDENT. — Pinson, qu'avez-vous à
dire ? Vous étiez en train de commettre l'acte d'un
insensé, en voulant jeter dans une boîte aux lettres
un paquet qui n'y pouvait pas entrer, et qui n'y
devait pas être déposé ; un sergent de ville vous
éclaire à ce sujet, et vous l'outragez, vous le frappez même.

PINSON. — Je vais vous dire : je crois que pour
la chose de la casquette que j'envoyais à mon garçon, M. le sergent de ville se trompait, vu qu'on
m'avait bien dit (et quelqu'un qui le sait, puisque
c'est un garçon de magasin de mes amis) qu'on
peut envoyer par la poste n'importe quoi comme
échantillon, même que ça ne coûte que deux sous.
Pour lors, j'ai écrit l'adresse de mon garçon sur la
visière ; j'ai mis au-dessus : « Echantillon de casquettes ; » j'y ai collé un timbre de deux sous.

M. LE PRÉSIDENT. — De pareils envois se déposent au bureau et ne se jettent pas dans la boîte ;
mais ce n'est pas pour cela que vous êtes traduit
devant le tribunal...

PINSON. — Ah ! pour m'être rebiffé ? Je ne nie
pas, mais je vous prie de m'excuser, vu la circons-

tance; messieurs, vous êtes des pères de famille, je suis un père de famille, j'avais fait des économies pour envoyer une casquette à mon garçon; j'ai cru que M. le sergent de ville voulait me la confisquer; je savais que mon fils avait une fête où il devait aller, qu'il n'avait pas de casquette convenable; je ne voulais pas qu'il ait l'air d'un va-nu-pieds; alors, dans ma colère paternelle... Eh bien ! oui (le tribunal délibère), je suis père de famille, vous êtes pères de famille... Vous aurez pitié d'un père de famille !

Le tribunal le condamne à huit jours de prison.

UNE FÊTE DE FAMILLE

La fête de Pageon a commencé, comme toutes les fêtes, par des bouquets, des embrassades, des compliments et des santés portées le verre en main; elle s'est terminée de la façon qu'on va connaître :

Deux ménages, le ménage Bureau et le ménage Drouillot, viennent s'asseoir au banc des prévenus. Le ménage Pageon va s'asseoir au banc de la partie civile.

M. le président (à *Pageon*). — Vous autorisez votre femme à porter plainte ?

Pageon. — Comme ayant reçu un morceau de tarte à la frangipane en pleine figure, et son bonnet déchiré.

M. le président. — Enfin, vous l'autorisez ?

Pageon. — Des deux mains.

M. le président. — Combien demandez-vous de dommages-intérêts ?

Pageon. — On m'a dit de demander 500 francs pour en avoir 25. (*Rires*) Je demande 500 francs.

La femme Pageon (à *demi-voix*). — Imbécile !

M. le président. — Dites ce dont vous vous plaignez.

Pageon. — Etant le jour de ma fête, nous avions invité M. et madame Bureau, ainsi que le sieur Drouillot et son épouse, et d'autres amis qui se sont contentés de s'enivrer, mais qui se sont maintenus en gens distingués, tandis que le sieur Bureau et sa femme, ainsi que le sieur Drouillot et la sienne, se sont conduits comme des gens de la classe la plus inférieure ; d'abord, c'est M. Drouillot qui, étant en ribote, commence par prendre des libertés avec mon épouse, que là-dessus voilà sa femme qui se met à faire une scène de jalousie à la mienne, qui lui répond : « Il en a fait bien plus avec mam' Bureau, que vous ne dites rien ; »

là-dessus, v'là mam' Bureau qui entreprend ma femme, dont moi je prends son parti. Voyant ça, Bureau prend le parti de sa femme, que, pour lors, les voilà tous les quatre contre nous, des gens que nous avions invités, monsieur, dont j'avais fait des frais de vin, de gâteaux et de liqueurs, jusqu'à de la chartreuse et de l'anisette pour les dames qui n'aiment pas le fort...

M. LE PRÉSIDENT. — Voyons, quels coups avez-vous reçus?

PAGEON. — Ça a commencé par Bureau, qui m'a envoyé une bouteille à la tête, dont je me suis effacé, et que la bouteille a été casser un pot à l'eau et une cuvette de quarante-cinq sous; ma femme, là-dessus, lui repasse une gifle; mam' Bureau lui arrache son bonnet; moi, j'veux me défendre contre Bureau; j'attrape Drouillot par mégarde, qui m'envoie un coup de chandelier; ma femme va pour sauter sur lui, mais la sienne envoie à la mienne un morceau de tarte qui lui bouche tout le visage, et elle lu' arrache son bonnet; si bien que nous voilà tous les six que nous sautons les uns sur les autres; on renverse la table, v'là les assiettes, les verres, les bouteilles qui tombent, patatras! et nous par-dessus, les jambes en l'air, enfin une orgie.

M. LE PRÉSIDENT. — On s'amuse singulièrement à votre fête.

Pageon. — Avec des gens pareils, comment voulez-vous? Les autres, voyez, ils se sont contentés de s'endormir; ils ont tombé avec la table, et ils sont restés par terre sans rien dire.

M. le président. — Asseyez-vous. Bureau, qu'avez-vous à dire?

Bureau. — Mais, vous voyez, le sieur Pageon vous a dit la chose, nous nous sommes attrapés tous, on ne sait pas qui est-ce qui a commencé.

M. le président. — Et vous, Drouillot?

Drouillot. — Moi? si jamais je ressouhaite la fête au sieur Pageon, il fera chaud; comment! il nous invite, et on se fiche des peignées chez lui, que toute la maison en était en l'air; est-ce que je sais seulement comment c'est venu? nous étions tous en ribote; on s'était attrapé, c'est bien, le lendemain on n'y pense plus; et pas du tout, il s'en va chez le commissaire, et nous voilà ici, moi que je suis pressé, que j'ai quatorze grosses de *procédés* à livrer à un cafetier, c'est dégoûtant.

La femme Drouillot. — Et ils nous demandent des dommages-intérêts pour payer leur tarte et leur vin, qu'ils peuvent bien les garder une autre fois.

La femme Bureau. — Ah! voui!... et se souhaiter leur fête sans nous; merci, c'est du propre.

La femme Pageon. — Vous n'avez pas besoin de le dire, mam' Bureau.

Le tribunal, sur l'avis du ministère public, a renvoyé les prévenus de la plainte et condamné la partie civile aux dépens.

DEUX AMATEURS DE SAUCISSON

Voici une manière de voler du saucisson qui est assez coquette; le saucisson était à l'ail, mais il serait sans ail, que le procédé n'en serait pas moins applicable; les deux inventeurs sont les nommés Lorin et Chapal.

Le marchand de comestibles victime du vol raconte ainsi le fait :

« J'étais dans ma boutique, ces messieurs entrent, regardent la marchandise, comme pour choisir quelque chose, puis celui-ci (Lorin) prend un grand saucisson entamé, à l'ail, le passe sous son bras, comme ça (*le témoin fait le geste*), et me dit : — Combien?... et il fait celle de fouiller dans son gousset.. — Combien? que je lui dis; il faut que je pèse, je ne sais pas combien il y en a. — Non, non, qu'il me dit, c'est pas la peine; combien, à vue de nez? — Mais, que je réplique, je ne vends pas à vue de nez. — Qu'est-ce que ça fait? à l'hasard. Alors, je rumine un peu ce que le saucisson pouvait peser; je me dis : Il doit en rester de trois à quatre livres; sur ce, je dis à monsieur : — Eh bien, ça fera 6 fr. 50. — Comment! 6 fr. 50? qu'il me dit; vous vous fichez de moi. Là-dessus, nous nous chamaillons, moi prétendant que le saucisson pesait au moins quatre livres, lui soutenant qu'il n'en pesait pas la moitié; si bien qu'il finit par retirer le saucisson de dessous son bras et qu'il le jette sur le comptoir en disant : — Au fait, vous m'embêtez avec votre saucisson; tenez, je n'en veux plus du tout. Et il s'en va avec son ami.

Je vas pour reprendre mon saucisson, et je reste ébaubi en voyant qu'il était bien plus court que je ne l'avais vu; me doutant d'une filouterie, je cours vivement dans la rue, je vois mes deux gaillards qui filaient; j'appelle un sergent de ville, et je les fais arrêter; on les fouille, et on trouve dans la poche de celui-ci (Chapal) un morceau de saucisson d'une livre et demie. »

M. LE PRÉSIDENT. — Chapal, c'est vous qui avez coupé la moitié du saucisson pendant que Lorin l'avait sous son bras et feignait de le marchander ?

CHAPAL. — Mon président, simple charge.

M. LE PRÉSIDENT. — Ah ! vous appelez ça une charge ? Eh bien, la prévention appelle cela un vol.

CHAPAL. — Nous étions un peu gris, vous savez... des hommes qu'a bu...

LORIN. — Si bien une farce, mon président, que le saucisson était à l'ail, et que je ne l'aime pas, à preuve.

Le tribunal délibère.

LORIN. — Je demande la remise à huitaine.

M. LE PRÉSIDENT. — Pourquoi faire ?

LORIN. — Pour faire assigner des témoins qui diront que je ne peux pas souffrir le saucisson à l'ail.

La demande a été rejetée, et les prévenus condamnés à chacun quinze jours de prison.

UN GAMIN DE CINQUANTE-HUIT ANS

Le recto et le verso du sommier judiciaire de Goguelot sont pleins de condamnations toutes pour vagabondage ; Goguelot n'est ni un malfaiteur, ni un méchant homme, c'est un fainéant, une *vieille gouape*, comme a dit un témoin qui est allé le réclamer au poste. Goguelot a cinquante-huit ans.

M. LE PRÉSIDENT. — Mais vous n'avez donc pas de profession ?

Goguelot. — Pas de profession ?... Je ne connais pas d'homme qui en ait autant ; j'ai appris l'état de tourneur, de cordonnier, de charcutier, de peintre en bâtiments, de chapelier, d'ébéniste, de ferblantier, de...

M. le président. — Toutes les professions, alors pourquoi...

Goguelot (*continuant*). — J'ai été dans la ganterie, dans la passementerie, dans la serrurerie, dans...

M. le président. — Et de toutes ces professions, vous n'en exercez pas une seule, vous êtes un paresseux.

Une voix dans l'auditoire. — Je t'ai toujours dit que tu ne ferais jamais rien.

M. le président. — Qui est-ce qui se permet de parler ?

Le prévenu (*regardant*). — Tiens ! c'est p'pa. (*On se rappelle que le prévenu a cinquante-huit ans.*)

Le père. — Oui, c'est moi. (*S'avançant.*) J'ai su par Tourillon que t'étais encore pincé, et me v'là.

M. le président. — Vous êtes le père du prévenu ?

Le père Goguelot. — Ah ! m'en parlez pas ; c'est dégoûtant, à quatre-vingt-cinq ans, d'avoir un crapaud de fils que je n'en ferai jamais rien.

Est-ce que tu crois que je vas m'occuper de toi jusqu'à la fin de mes jours, sacristi? Je te réclame encore une fois, mais si tu recommences, on fera de toi ce qu'on voudra, je t'abandonne.

M. LE PRÉSIDENT.— Vous le réclamez?... On réclame un enfant, on ne réclame pas un homme de cinquante-huit ans.

LE PÈRE GOGUELOT. — Quéque vous voulez ! c'est mon enfant, un père est toujours un père.

M. LE PRÉSIDENT.— Il a été condamné quarante et quelques fois pour vagabondage.

LE PÈRE GOGUELOT (*regardant son fils d'un air sévère*).— Toute la vie alors !... tu ne feras donc que ça !

LE PRÉVENU. — Mais, p'pa...

LE PÈRE GOGUELOT. — N'y a pas de p'pa ; comment, sapristi de sapristi ! à cinquante-huit ans !.. mais tu ne réfléchis donc pas que t'es un homme ! tu ne penses donc pas à ton avenir ; quéque tu veux faire ? je ne serai pas toujours là, gueux, va-nu-pied. (*Au tribunal.*) Excusez-moi, mais ça m'entortille de voir un animal qui.. allons, bon ! le v'là qui pleure.

LE PRÉVENU (*sanglotant*). — Hou, hou, hou...

LE PÈRE GOGUELOT. — Mais pleure donc pas, grand imbécile. (*Au tribunal.*) Rendez-le moi, j'y veillerai dessus... Voyez-vous, c'est pas un mauvais garçon... J'y ai mis pus de quarante états dans la main, il m'a coûté les yeux de la tête ; ah ben ! oui... je vous dis, à ça près, pas de défauts, pas plus qu'une bête à bon Dieu.

M. LE PRÉSIDENT (*au prévenu*). — Mais enfin, de quoi vivez-vous ?

LE PRÉVENU. — De mes états ; quand j'ai pas d'ouvrage dans un, je travaille dans l'autre.

LE PÈRE. — Adroit comme un singe, il fait tout ce qu'il veut.

M. LE PRÉSIDENT. — Oui, mais il ne veut rien faire.

LE PRÉVENU. — Si, m'sieu, seulement j'ai pas de chance, on ne me garde jamais pus de trois jours.

LE PÈRE. — Ah ! voilà, il n'a jamais été chanceux.

Le tribunal le condamne à un mois de prison.

LE PÈRE (*s'approchant*). — Tâche donc que ça te serve de leçon, sapristi... Tiens, v'là 30 sous.. Salut, messieurs, la compagnie. (*Il sort.*)

L'AVEUGLE QUI CONDUIT SON CHIEN

Un aveugle, assis sur le banc des prévenus, regarde avec curiosité l'auditoire, le tribunal, le greffier, les huissiers, la salle d'audience, la pendule, enfin tout ce qui d'ordinaire n'a aucun intérêt pour les aveugles.

A la vérité, cet homme exerce simplement la profession d'aveugle ; il a tout ce qui concerne son état : la clarinette, le caniche, le bâton ; seulement, il a d'excellents yeux, ce qui lui donne cet avantage sur ses confrères de reconnaitre la fausse monnaie quand on lui en jette dans sa sébile.

Il comparaît devant la justice sous la prévention de mendicité en feignant des infirmités.

Un agent. — Je suivais depuis quelques instants cet homme sur le boulevard extérieur; il chantait à tue-tête une chanson lamentable et alternait avec des airs de clarinette, lorsque tout à coup je le vois aller directement à un banc et s'y asseoir en retenant son chien qui continuait à marcher; je me dis : C'est bien drôle ! Comment savait-il qu'il y a un banc là ? Il s'y est assis sans tâtonnements, sans hésitation... c'est bien drôle !

Une fois assis, il fait venir son chien entre ses jambes; le chien s'assied sur son derrière, et l'homme se met à débiter son chapelet : « Ayez pitié d'un pauvre aveugle. »

Je l'observe, et je remarque que chaque fois qu'il passait une personne bien mise il criait bien plus haut, ou plutôt, quand c'était un pauvre diable qui passait, mon aveugle ne disait rien. Après l'avoir vu recevoir l'aumône trois ou quatre fois, je l'ai arrêté et conduit au poste.

M. le président (*au prévenu*). — Reconnaissez-vous avoir mendié ?

Le prévenu. — Oh! pour avoir demandé, non; pour ça, je nie; je chantais, c'est vrai, parce que... vous savez... on est de bonne humeur, ça vous donne envie de chanter; ça arrive à tout le monde; mais pour avoir demandé, non.

M. LE PRÉSIDENT. — Mais l'agent vous a vu recevoir plusieurs fois.

LE PRÉVENU. — Oui, des personnes qui ont cru que je demandais, mais je ne demandais rien.

M. LE PRÉSIDENT. — Vous êtes un mendiant de profession, vous avez déjà été condamné pour cela.

LE PRÉVENU. — Le passé est passé; mais le jour que dit M. l'agent, non.

M. LE PRÉSIDENT. — Mais vous aviez un chien et une clarinette.

LE PRÉVENU. — Tout le monde peut avoir un chien et une clarinette.

M. LE PRÉSIDENT. — Les aveugles, oui; et c'est précisément la cécité que vous simuliez.

LE PRÉVENU. — Qu'est-ce que je dissimulais ?

M. LE PRÉSIDENT. — Vous feigniez d'être aveugle, et vous ne l'êtes pas.

LE PRÉVENU. — Non.

M. LE PRÉSIDENT. — Eh bien, pourquoi disiez-vous : Ayez pitié d'un pauvre aveugle ?

LE PRÉVENU. — Si j'ai dit ça, c'était en parlant de mon chien ; c'est lui qui est aveugle, la pauvre bête; alors je le mène promener.

Le tribunal a condamné ce digne émule de Patachon à un mois de prison.

LE JOYEUX DÉCROTTEUR

Comme chantait avec tant de conviction le prévenu, quelques instants avant son arrestation :

> Ah ! croyez-le, non, la franche gaîté
> N'est pas toujours sous des lambris dorés.

Et en effet, l'interprète de ces jolies paroles est un simple commissionnaire, et sa gaieté naturelle le suit si bien partout, qu'il les chantait à la porte d'un cimetière.

Il était là, dit un sergent de ville, avec sa boîte à décrotter, attendant la pratique, et non seulement il chantait une chanson, mais encore, au lieu d'offrir simplement ses services aux personnes qui sortaient du cimetière, il leur disait toujours en chantant :

> Allons, messieurs les héritiers,
> Cirer les bottes, les souliers. (*Rires.*)

Je m'approchai de lui ; je lui dis que sa conduite était des plus inconvenantes, et je l'engageai à faire son métier d'une autre manière ; il me répond en chantant :

> Je chanterai jusqu'à ce que j'm'essouffle,
> Car je suis gai et tu n'es qu'un pignouf !

M. LE PRÉSIDENT. — Il était ivre ?

LE TÉMOIN. — Oh ! complètement.

LE PRÉVENU. — Au moins ! (*Rires.*)

LE TÉMOIN. — Alors je l'ai pris par le bras pour le conduire au poste ; tout le long du chemin, il a continué à m'injurier en chantant.

LE PRÉVENU. — Etant gai de ma nature...

M. LE PRÉSIDENT. — Voyons, qu'avez-vous à dire ?

LE PRÉVENU. — Etant gai de ma nature...

M. LE PRÉSIDENT. — Reconnaissez-vous le fait ?

LE PRÉVENU. — Je sais que monsieur m'a fait un

bleu en me prenant par le bras, mais étant gai de ma nature, je ne me suis pas formalisé.

M. LE PRÉSIDENT. — Reconnaissez-vous l'avoir injurié?

LE PRÉVENU. — Il se peut que j'aie composé une petite chanson où je lui disais des mots dont je ne m'en rappelle pas, mais tout ça gaiement, vu que c'est dans ma nature.

Le tribunal le condamne à trois jours de prison.

LE PRÉVENU (*sortant*) :

> Eh bien ! messieurs, je ferai les trois jours,
> Toujours joyeux comme un vrai troubadour
>
> (*Il sort.*)

L'HOMME QUI JOUE SA CULOTTE

La pudeur commandait à Lidoir de porter un pantalon, l'honneur lui commandait de le retirer ; il a obéi à l'honneur, et le voici en police correctionnelle pour outrage public à la pudeur.

On l'a arrêté sous un pavillon des halles, à deux heures du matin, dépourvu du vêtement que la bienséance défend aux Anglaises de nommer, mais ayant une canne; du reste, grelottant et ne songeant guère sans doute à offenser sciemment la pudeur.

L'explication qu'il donne et qu'il appuie de preuves est assez piquante.

D'abord, dit-il, voilà les deux agents qui m'ont arrêté qui peuvent attester que j'étais en ribote.

M. LE PRÉSIDENT. — Ils l'ont, en effet, déclaré; mais cela ne vous excuse pas.

LIDOIR. — Sans doute, sans doute; mais enfin, monsieur le président, vous comprenez bien que, pour courir les rues dans le milieu de la nuit sans pantalon, c'est qu'on n'a pas sa raison, ou bien qu'on en a une majeure qui vous y oblige; voilà la chose: Nous avions mangé un morceau, nous deux Renard, un sellier comme moi, que nous avons travaillé ensemble dans la même maison et que nous ne nous étions pas vus depuis longtemps. Alors, c'est bien, nous buvons un litre, deux litres, trois litres; moi, il m'en faut une chopine pour que j'aie mon casque, me v'là donc pincé.

Après dîner, Renard me dit : « Je te joue le café. » Nous jouons le café, je le perds; nous jouons des petits verres, je les perds; nous jouons un bol de vin chaud, je le perds; nous jouons des prunes, des chinois, du vespétro, du...

M. LE PRÉSIDENT. — Nous n'avons pas besoin de savoir ce que vous avez joué.

LIDOIR. — C'est pour arriver au pantalon. Fi-

nalement je perds toujours, dont je dis à Renard :
« C'est fini, je ne joue plus ; je vas me coucher ; je
perdrais jusqu'à ma culotte. — Je te la joue, » qu'il
me dit. (*Rires dans l'auditoire.*) C'était bête
comme tout ; mais vous savez, c'est un mot qui se
dit. Si bien qu'il me tourmente ; moi, je prenais
ça en riant, mais il m'asticote tant pour me jouer
mon pantalon, que je lui dis : « Je veux bien, mais
contre le tien ; si tu perds, je te préviens que je le
veux et que tu t'en iras chez toi en bannière. »
(*Nouveaux rires.*) Le marchand de vin riait comme
un bossu...

M. LE PRÉSIDENT. — Oui, enfin, c'est la déclaration que vous avez faite dès l'origine, et dont nous ne contestons pas l'exactitude ; il y a d'excellents renseignements sur vous, vos allégations ont été confirmées par Renard, votre adversaire : le tribunal tiendra compte de tout cela.

LIDOIR. — Qu'est-ce que vous voulez ? on est si bête quand on a du vin ; j'ai perdu mon pantalon, je l'ai donné à Renard, et je m'en allais quand on m'a arrêté.

M. LE PRÉSIDENT. — Vous avez dans Renard un ami qu'il est bien agréable de retrouver après une longue séparation. (*Rires.*)

LIDOIR. — Histoire de rire, mon président ; il était aussi en ribote que moi ; je demande l'indulgence en faveur du rhume considérable que j'ai pincé; un chien en serait crevé, ma parole d'honneur!....

Le tribunal a jugé que l'intention de commettre un outrage à la pudeur n'était pas établie; il a donc acquitté ce modèle des débiteurs en matière de dette de jeu.

Quoi qu'il en soit, Lidoir ne pourra pas dire avec le poète :

> Oui, puisque je retrouve un ami si fidèle,
> Ma fortune va prendre une face nouvelle.

UN CERCLE VICIEUX

Il vaut mieux faire envie que pitié, dit un proverbe : c'est pour cela sans doute que Savourin, malgré une débine que le mont-de-piété seul connaissait, acceptait volontiers la réputation d'homme à son aise qu'on lui faisait dans son quartier.

Peut-être aussi était-ce pour marier plus aisément sa fille. « Ce père Savourin, disaient les gens de sa connaissance, il ne dit rien, mais il doit avoir le sac; il est portier dans une bonne maison, il exerce en outre, dans sa loge, l'état de cordonnier;

pas de femme à nourrir, puisqu'il est veuf; son fils a un bon état en main : peintre en bâtiments; certainement le bonhomme est à son aise, et sa fille Athénaïs, qui est établie blanchisseuse, ne sera pas une mauvaise affaire pour l'ouvrier qui la demandera en mariage. »

Et voilà comment un jeune perruquier établi en face de la maison de Savourin était arrivé à demander Athénaïs en mariage; la chose ne fit pas un pli, et le jour de l'hyménée était fixé quand se sont accomplis les faits qui amènent en police correctionnelle le père d'Athénaïs, Athénaïs elle-même et son frère, tous les trois pour avoir porté des coups à l'ex-futur époux (car tout est rompu, comme dans *le Chapeau de paille d'Italie*).

Messieurs, dit le jeune merlan, mossieu Savourin, qui fait son homme au sac, et n'est qu'un vieux va-nu-pieds...

M. LE PRÉSIDENT. — Oh! tâchez de vous exprimer autrement.

LE PLAIGNANT. — Voilà donc la chose : devant donc nous marier, sa demoiselle et moi, qu'elle me parlait de son amour et qu'elle m'a tapé dessus comme une furie... Enfin, voilà donc que, me trouvant avoir besoin d'une couple de pièces de vingt francs pour m'acheter des affaires pour le mariage, je me dis : Quand on a un futur beau-père dans l'aisance, il n'y a pas de gêne à lui emprunter ça. Je vais donc le trouver et je lui glisse la chose des quarante francs. Il reste tout ébaubi sur le moment et finit par me dire : « Heuh ! quarante francs... faut que je déplace des fonds ; demain, je vous avancerai ça. — C'est bon, que je dis, ça n'est pas à vingt-quatre heures près. » Vous allez voir ce qui est arrivé. Toute cette famille-là, c'est des fourchettes numéro un ; tout ce que ça gagne, ça se le fourre sous le nez, dont ils y ont un trou qui leur revient cher d'entretien au bout de l'année, c'est pas pour dire ; j'ai su tout ça après, mais j'aime mieux vous l'expliquer tout de suite.

M. LE PRÉSIDENT. — C'est à désirer et je vous y engage fort ; mais vous n'en prenez guère le chemin.

LE PLAIGNANT. — Le père Savourin va trouver sa fille et lui dit : « Athénaïs, prête-moi donc quarante francs. » Athénaïs, qui, à ce qu'il paraît, n'avait pas d'argent et ne voulait pas le dire à son père, lui répond : « Je vous les porterai demain. » Elle s'en va chez son frère et lui dit s'il ne pourrait pas lui prêter une pièce de quarante francs. Le frère, qui mange tout, lui aussi, lui répond : « Je te prêterai ça ce soir. » Le voilà donc qui vient me trouver et qui me dit : « Dites donc, beau-frère, vous ne pourriez pas me prêter quarante francs ? (*Rires bruyants dans l'auditoire.*) — Ah ! je ne peux pas, que je lui réponds. — Oh ! pour quelques jours, qu'il me fait. — Si c'est pour quelques jours seulement, que je lui dis, je vous les donnerai demain ; venez chez votre père, j'y serai, et vous les aurez. »

Le lendemain, je vas chez le père Savourin et je me trouve avec sa fille Athénaïs qui entrait. A peine si j'étais là, que v'là le fils qui arrive. Alors je prends le père Savourin dans un coin et je lui dis tout bas : « Avez-vous les quarante francs ? — Oui, » qu'il répond. Alors il dit à sa fille : « Athénaïs, donne-moi les quarante francs. » Là-dessus, Athénaïs dit à son frère : « Donne donc les quarante francs. » Le frère vient à moi et il me dit : « Avez-vous les quarante francs ? »

M. LE PRÉSIDENT. — Mais les coups ! Arrivez donc aux coups.

LE PLAIGNANT. — C'est de là qu'ils sont venus, parce que, voyant que c'était une famille de sans-le-sou, j'ai retiré ma demande en mariage; c'est donc de là qu'ils sont tombés tous les trois sur moi...

M. LE PRÉSIDENT. — Nous allons entendre les témoins.

Les témoins, tous locataires de la maison, confirment, relativement aux coups, les allégations du plaignant; si bien que Savourin père et fils ont été condamnés chacun à six jours de prison et Athénaïs à cinquante francs d'amende.

LES DEUX NÉGOCIANTS

« Par-devant Maîtrillard et son épouse, marchands de vins et liqueurs, a été convenu ce qui suit : les sieurs Sariol et Turban contractent association pour l'achat d'un petit quarteau d'eau-de-vie, qu'ils débiteront sur le champ de foire du Landy, à Saint-Denis, les deux dimanches affectés à cette fête, pour les bénéfices être partagés entre eux par moitié ; chaque verre, de la contenance

d'un poisson ou polichinelle, sera livré aux consommateurs au prix de vingt centimes, etc., etc. »
Suivent les clauses accessoires.

Le soir du premier dimanche d'exploitation de leur établissement ambulant, les deux associés étaient ramassés par la garde, en loques, meurtris de coups de poing, la tête dénudée à divers endroits par suite de l'enlèvement violent de poignées de cheveux. Leur situation financière et commerciale consistait en un petit baril vide et une pièce de deux sous en caisse.

Aujourd'hui, les voici en police correctionnelle, pour rébellion et voies de fait envers les agents de la force publique.

Nos deux négociants étaient partis à Saint-Denis avec leur baril d'eau-de-vie ; arrivés à la Chapelle, Sariol dit à Turban :

« Dis donc, je vas boire un polichinelle.

— Eh bien, tu ne te gênes pas, répond Turban, ça n'est pas à toi seul cette eau-de-vie-là, c'est à nous deux.

— C'est juste, répliqua Sariol ; alors le polichinelle étant de quatre sous, je vas te donner deux sous.

— Ah ! comme ça t'es dans ton droit, donne-moi deux sous, et bois ton polichinelle. »

Sariol donne deux sous et bois le poisson d'eau-de-vie convenu.

Cent pas plus loin, Turban dit à son tour à Sariol :

« Je vas faire comme toi, je vas me payer un polichinelle.

— Oui, mais tu vas me donner deux sous.

— Certainement, ça va tout seul. »

Il boit un polichinelle et rend à son associé la pièce de deux sous que celui-ci lui avait remise un instant avant.

Arrivés à la route de la Révolte, Sariol reprend :

« Ma foi, tant pis! je profite du bon marché; puisque ça ne me coûte que deux sous au lieu de quatre, je vas boire un autre verre. »

Adhésion de l'associé, auquel il redonne la même pièce de deux sous. Cinq minutes après, celui-ci reprend :

« Au fait, tu as raison, ça ne nous revient qu'à deux sous au lieu de quatre, ma foi, c'est pas la peine de s'en priver. »

Et il avale un second polichinelle, en rendant une seconde fois la fameuse pièce de deux sous.

Arrivés au petit pont situé à l'entrée de Saint-Denis, nos deux négociants avaient déjà échangé cinq ou six fois l'éternelle pièce de deux sous, et ne cessaient de s'applaudir de leur découverte d'eau-de-vie à quatre sous le poisson. Inutile de dire qu'arrivés au champ de foire ils n'avaient pas la tête parfaitement au commerce et n'étaient frappés que d'une seule idée, c'est que plus ils buvaient, plus ils gagnaient. Sous l'empire de cette combinaison, ils firent faire la navette à la malheureuse pièce de deux sous, jusqu'au moment où le quarteau étant entièrement vidé, Turban se mit à dire à Sariol :

« Ah çà ! mais tu t'es fichu dedans, toi ; nous avons acheté pour six francs d'eau-de-vie ; tout a été débité, et nous n'avons que deux sous en caisse.

— Comment, que deux sous ?... en tout ?...

— Mais oui, en tout.

— Alors t'es un filou, t'as volé la caisse, etc.

De là une explication à coups de poing, l'intervention de la garde et le délit commis.

Voici ce que nous avons démêlé dans les explications des deux prévenus au sujet de l'étrange spéculation, cause première du délit.

Le tribunal les a condamnés chacun à huit jours de prison.

Si c'est pour élever leur famille qu'ils ont entrepris leur singulier commerce, ils feront bien de chercher une autre combinaison.

LA VICTIME DE LA DÉFUNTE.

Il n'y a, pour un mari, qu'une seule façon d'être ce qui ne se dit plus qu'à la Comédie française, mais il a de nombreux moyens de s'en assurer; seulement, les femmes les connaissent et ont d'aussi nombreux moyens de les déjouer.

Ce pauvre diable de Rimonot est tombé sur une de ces femmes-là; convaincu qu'elle le trompait, il a, jusqu'au dernier jour de cette épouse infidèle, cherché vainement à obtenir les preuves de ses déportements; mais, comme elle changeait d'amants autant que la lune de quartiers, quand il guettait dans le civil, elle était dans le militaire; si bien qu'elle a emporté sa pureté apparente dans un monde qu'on dit meilleur, et on se demande alors ce qu'il doit avoir de délices pour elle, si elle s'est autant amusée dans celui-ci que le croit Rimonot.

Ses dix années de ménage passées dans les tentatives que l'on sait, l'énumération des pièges de toutes sortes qu'il a tendus à feu madame Rimonot, jusqu'à la douzaine d'œufs mis par lui dans la paillasse, avec l'espoir d'y trouver une omelette à son retour; c'est tout cela qu'il invoque devant le tribunal, comme excuse du délit qui lui est reproché. Il bat comme plâtre la remplaçante illégitime qu'il a donnée à sa défunte, ne dégrise à peu près pas; de sorte qu'on s'expliquerait difficilement pourquoi Julie Ridoux tient tant à ce qu'il l'épouse en secondes noces, s'il n'était pas né des enfants de leur association.

Trois fois, messieurs, dit-elle, trois fois nous avons été à la mairie; mais, comme il était en ribote, le maire n'a pas voulu nous marier.

M. LE PRÉSIDENT. — Comment le laissiez-vous s'enivrer un pareil jour?

LE TÉMOIN. — Mais, m'sieu, quand il n'est pas

en ribote, il ne veut plus m'épouser, et quand il veut bien, le maire ne veut pas parce qu'il est en ribote; je ne sais plus comment faire.

M. le président. — Qu'avez-vous à dire, Rimonot ?

Rimonot. — Mon magistrat, écoutez-voir un peu, si c'est un effet de votre munificence.

Ici, Rimonot entreprend le récit de ses malheurs conjugaux.

M. le président. — Tout cela est étranger au procès.

Rimonot. - Mon magistrat, croyez bien que ça ne m'est pas agréable de dire des choses comme ça devant la société; que si je vous disais tout, ça serait des histoires qui s'emboîteraient l'une dans l'autre, comme les tuyaux d'une lunette d'approche; seulement voilà : un jour, ma défunte était malade... de son vivant...

M. le président. — Je pense bien.

Rimonot. — Soit qu'elle eût peur de mourir, soit pour tout autre motif également... heu..., honorable...

M. le président. — Mais votre femme n'a aucun rapport avec ce qui vous est reproché.

Rimonot. — Faites excuse, car c'est un fait réel qu'après cette femme-là, ça ne peut pas bien me donner envie d'en prendre une autre.

M. le président — Ce n'est pas une raison pour battre cette autre.

Rimonot. — Faut savoir comment ça vient ces choses-là; que si vous vouliez m'écouter, c'est plein d'intérêt, que même un auteur qui arrangerait ça, pourrait en faire un drame ou une petite pantomime très drôle.

M. le président. — Voyons, reconnaissez-vous avoir frappé votre maîtresse ?

Rimonot. — Faut savoir comme ça vient... Ainsi, un jour à ma fête, j'invite du monde pour donner une petite soirée ; je dis à Julie de nous avoir des rafraîchissements: qu'est-ce qu'il y avait ? rien que des groseilles à maquereau et il y avait huit messieurs et six dames.

M. le président. — Allons, taisez-vous, en voilà assez ; vous ne voulez pas répondre ?...

Le tribunal condamne Rimonot à quinze jours de prison.

Rimonot (à *Julie*). — Et tu viendras encore me demander de t'épouser ; tu verras comme j'irai à la mairie.

LES BOTTES DE TOURILLON

Il ne manque pas de gens, dans une certaine position sociale, qui n'ont pas autant de connaissances qu'en a Tourillon; on s'en fera une idée rien que par le placement de quatre-vingt-dix billets à 10 centimes, d'une loterie qu'il a organisée, et comme chacun des amateurs du lot à gagner a pris un seul billet, Tourillon compte donc déjà quatre-vingt-dix amis en état de dépenser 2 sous pour répondre à son invitation. Plus d'un homme du monde serait embarrassé pour arriver comme lui à un aussi complet résultat. Il est vrai qu'on ne trouve que dans le monde de Tourillon des gens à qui l'objet à gagner peut faire envie.

Notre homme est renvoyé en police correctionnelle pour le délit que M. le président va lui faire connaître.

M. LE PRÉSIDENT. — Vous êtes prévenu d'avoir tenu une loterie sans autorisation.

TOURILLON. — C'étaient mes bottes, mon président.

M. LE PRÉSIDENT. — N'importe l'objet, vous n'aviez pas le droit de faire une loterie.

TOURILLON. — J'en suis dans une surprise véritablement abondante, que, permettant la loterie espagnole, le gouvernement ne permette pas mes bottes.

M. LE PRÉSIDENT. — La loterie dont vous parlez est autorisée.

TOURILLON. — Je ne demande pas autre chose que, moi aussi, on autorise la mienne, car même on met *franco* à la loterie espagnole et on fait payer 20 sous le billet, dont même 25 sous chez les marchands de tabac, moi, mes bottes, j'ai jamais mis *franco*, j'ai dit : c'est deux sous.

M. LE PRÉSIDENT. — D'où provenaient ces bottes ?

LE PRÉVENU. — C'est Manicot qui me les a recédées pour trois francs, vu qu'elles lui donnaient des cors.

Une voix dans l'auditoire. — C'est vrai.

M. le président. — Qui est-ce qui parle là ?

Un individu (*s'avançant*). — C'est moi, monsieur le président.

M. le président. — Qui êtes-vous ?

Tourillon. — C'est l'amant de ma femme. (*A l'inconnu.*) Ça va bien ?

M. le président. — Retirez-vous !

Le tribunal condamne Tourillon à 25 francs d'amende.

Tourilon. — Comment, 25 francs ? Les bottes ne m'ont rapporté que 9 francs !

M. le président. — Retirez-vous !

Tourillon (*sortant*). — On permet la loterie espagnole, et moi... malheur !

LE MENDIANT EN VOITURE

Tout le monde connaît un cab, cette voiture dont le supérieur, qui est à l'intérieur, voit la partie postérieure de l'inférieur qui est à l'extérieur.

Cet inférieur était le cocher Lesueur; le supérieur était un voyageur, le sieur Pasteur; phraseur et beau parleur, comme on le verra tout à l'heure ; laissez souffler le chroniqueur. Ouff!

Comme les boursiers, agents de change et brasseurs d'affaires, qui, toujours pressés, font leurs courses en voiture, Pasteur, simple mendiant à domicile, a, lui aussi, pensé qu'il aurait bénéfice à se faire conduire au grand trot dans toutes les maisons où il allait solliciter des secours. Son calcul s'était-il réalisé avant le jour où il a été arrêté? C'est ce qu'il est difficile de savoir. Mais il est certain que ce jour-là les recettes n'ont pas répondu à son attente, puisque son cocher, las de le trimballer dans tout Paris, l'a remis entre les mains de sergents de ville, après lui avoir vainement réclamé le prix de cinq heures de courses.

Voici donc Pasteur en police correctionnelle, sous prévention d'escroquerie et de mendicité.

M. LE PRÉSIDENT. — Vous avez inauguré la mendicité en voiture ; accompagné d'une femme, vous vous êtes fait conduire dans tous les coins de Paris, à diverses adresses que vous aviez sans doute relevées dans le Bottin, et dont on a saisi une liste sur vous, ainsi que plusieurs lettres contenant des demandes de secours. Qu'avez-vous à dire ?

LE PRÉVENU (*tirant de sa poche un manuscrit qu'il déploie et commençant à lire.*) — Hum! Hum! magistrats, victime des pouvoirs déchus, je viens du haut de cette tribune...

M. LE PRÉSIDENT. — Qu'est-ce que c'est que cela ? d'abord, vous n'êtes pas à une tribune, vous êtes au banc des prévenus.

Le prévenu. — Étant devant le tribunal, je croyais que, naturellement, c'était une tribune que...

M. le président. — Et puis je vous engage à serrer ce papier et à vous expliquer verbalement.

Le prévenu. — Je n'éprouve aucun embarras à obtempérer à l'invitation de M. le président, le maniement de la langue m'est familier, m'étant occupé longtemps de littérature, ayant travaillé aux ouvrages les plus célèbres...

M. le président. — Vous êtes homme de lettres ?

Le prévenu. — Pas par moi-même, mais j'ai travaillé à ces ouvrages comme typographe.

M. le président. — Peu importe ; il s'agit du délit de mendicité ; reconnaissez-vous le fait ?

Le prévenu. — Je vais répondre. (*Lisant dans son chapeau le manuscrit qu'il y a placé.*) Longtemps jouet d'un destin inconstant, ballotté sur cette mer de la vie comme un vaisseau sur l'Océan...

M. le président. — Ah çà ! vous recommencez vos divagations ! Si vous ne voulez pas répondre catégoriquement, je vais vous retirer la parole.

Le prévenu. — J'ai bu tout le vase d'amertume de la destinée ; cette nouvelle rigueur...

M. le président. — Ce n'est point une rigueur, c'est un usage commun auquel vous devez vous soumettre; répondez! Vous alliez en voiture, accompagné de votre concubine...

Le prévenu. — Je n'accepte pas ce mot humiliant pour cette personne; ce n'est pas ma concubine.

M. le président. — Vous en êtes convenu.

Le prévenu. — Je ne me suis pas servi de ce mot; j'ai dit que c'était ma compagne chérie, une amie dont le courage augmente le mien; (*s'animant*) sa vertu soutient la mienne...

M. le président. — Ne parlez donc pas de vertu; vous avez été condamné huit fois pour vagabondage, filouterie, mendicité.

Le prévenu. — J'ai eu l'avantage de vous dire que je suis une victime des pouvoirs déchus.

M. le président. — Je ne sais ce que vous entendez par là; mais je sais que vous êtes un mendiant incorrigible.

Le prévenu. — Cette opinion sur mon compte vient d'agents bonapartistes; condamnez-moi; l'histoire jugera.

En attendant le jugement de l'histoire, celui du tribunal a condamné à un an de prison la victime des pouvoirs déchus.

LES GUEULETONS D'UNE DÉBITRICE

Qu'un créancier ne reçoive pas son dû et se retire pacifiquement devant les habiles paroles de son débiteur, rien de plus naturel; mais qu'au lieu de son argent il reçoive des injures et des coups, c'est ce que M. Dimanche lui-même n'aurait pas toléré.

Madame Gousselon, portière, commence, il est vrai, par donner des explications et ne recourt aux moyens violents qu'à la dernière extrémité; mais enfin, les extrémités arrivant, la mauvaise débitrice gâte tout à fait ses affaires.

Madame Gousselon est, paraît-il, criblée de dettes criardes. Aux fournisseurs qui viennent chaque jour la relancer, elle répond que la misère est grande, que les locataires sont tous des pingres qui se chauffent au gaz pour ne pas donner la bûche au portier, qui se refusent à payer l'amende quand ils rentrent après minuit, et qui lésinent de plus en plus sur les étrennes.

A sa blanchisseuse aussi, elle donne ces raisons; mais comme elle lui donne aussi son linge, la blanchisseuse voit sur les serviettes des traces qui trahissent des habitudes de ripaille.

Or, au reproche par elle adressé à madame Gousselon, relativement à ces habitudes, la concierge a répondu comme les généraux de la garde, qui aiment mieux mourir que de se rendre. De là une avanie des voies de fait et un procès correctionnel dans lequel madame Gousselon est prévenue.

« C'est tout de même un peu drôle, dit-elle à la plaignante, qu'à présent on vienne fourrer le nez dans la subsistance du monde. D'ailleurs, m'en avez-vous vu manger de l'oie? »

LA PLAIGNANTE. — Avec ça que vous venez me chercher ces jours-là! Monsieur le juge, je viens me plaindre de la brutalité de madame, que, d'abord, je ne sais pas dans quelle écurie elle a été élevée.

M. LE PRÉSIDENT. — Épargnez-vous les réflexions; la prévenue vous a frappée ?

LA BLANCHISSEUSE. — Oui, monsieur le juge, d'un coup de castrolle qu'elle avait à la main, et ça parce que je lui disais : « Madame, quand on doit des mille et des cent à sa blanchisseuse... »

LA PRÉVENUE. — Oh ! 7 francs 16 sous.

M. LE PRÉSIDENT. — N'interrompez pas.

LA BLANCHISSEUSE. — Que je lui dis : « On ne se gave pas tous les jours que Dieu fait, de volailles, comme vous en abusez, au vu et connu de toute la maison et des voisins, au point que vos serviettes sont pleines de graisse. »

LA PRÉVENUE. — Faudrait peut-être manger des queues de lapin.

LA BLANCHISSEUSE. — La chose n'est pas à mon égard que vous mangiez ce que vous voudrez. Si ça vous fait plaisir, mangez de l'oie, du dindon, du rhinocéros, du veau marin, vous pouvez vous en bourrer, ça m'est égal, pourvu que vous me payiez. Quand on a plus de dettes criantes sur la tête qu'on n'a des cheveux dans le dos... non... je veux dire... au contraire... ça ne fait rien, on ne se fourre pas des oies à chaque instant, que vous êtes connue pour votre bec fin.

M. LE PRÉSIDENT. — Voyons, femme Gousselon, reconnaissez-vous avoir frappé la plaignante ?

La prévenue. — Je suis incapable de mentir ; d'ailleurs il y avait plus de cinquante personnes à la porte. Je ne le renie pas, mais, Seigneur ! si vous aviez vu la scène que madame m'a faite !

M. le président. — Enfin, vous convenez du fait, c'est bien ; taisez-vous.

La prévenue. — Qu'on me condamne, j'irai dans les bois manger des glands, des marrons d'Inde, des champignons venimeux pour faire plaisir à madame.

Le tribunal condamne l'épicurienne portière à huit jours de prison et 16 francs d'amende.

Et voilà comment l'oie, qui a sauvé Rome, a perdu une portière. Il est vrai qu'ici il s'agit de la *graisse*.

BON PÈRE, MAIS POCHARD

Il est toujours bon, pour un prévenu, d'avoir quelques qualités à son actif; or, Boitier est bon père et le tribunal lui a tenu compte de cela. Depuis le jour de la naissance du rejeton, espoir de ses cheveux blancs, cet excellent père, à qui l'on n'aurait rien à reprocher, s'il ne se grisait pas et n'assommait pas sa femme, est en prison, et ce qu'il pleure en parlant de ce fils qu'il brûle de presser sur son sein, ce n'est rien que le dire.

« C'est pas l'embarras, dit madame Boitier au tribunal; v'là un moutard qui est né sous un heureux auspice, comme dit c' t'autre. »

Boitier. — Quel autre? Qui est-ce qui dit que mon enfant est naquis dans un hospice?

M. le président (*à la plaignante*). — Déposez!

La femme Boitier. — Que je dépose?

Boitier. — Oui, ton parapluie.

M. le président. — Je vous dis de faire votre déposition.

La femme Boitier. — Ah! bon, voilà : dans les moments qui n'est pas mes couches, il me bat; mais je ne me gêne pas pour lui jeter n'importe quoi à la tête; que pour ça, il n'a pas le fond méchant.

Boitier (*pleurant*). — Oh! non; oh! non.

La femme Boitier. — Seulement c'est un homme qui boit.

Boitier. — Qui boit, qui boit... qu'est-ce que tu dirais donc de Falupié qui me rendrait deux litres?

M. le président. — Taisez-vous donc!

Boitier. — Non, mais c'est pour dire...

La femme Boitier. — Pas moins que, quand il a bu, c'est un être féroce et carnassier.

Boitier. — Allons, bon, je suis carnassier.

La femme Boitier. — Pour lors que j'étais donc en mal d'enfant, même qu'on l'a baptisé en l'absence de son joli père.

Boitier. — L'as-tu fait appeler Ernest?

La femme Boitier. — Ernest-Léonidas; pour lors que je lui dis : « Va-t'en chercher la chasse-femme. » Comme il ne se pressait pas et moi que ça me pressait, je me fiche en colère et j'y dis : « Mais va donc chercher la chasse-femme; » là-dessus une querelle et il me fiche une gifle en me disant : « Tiens! ça te fera passer tes douleurs! » et une chose drôle, ça me les a fait passer.

Boitier. — Tu vois donc bien.

La femme Boitier. — Alors, étant un homme bon au fond, mais simplement buveur...

Boitier (*pleurant*). — Elle me connaît comme si elle m'avait fait.

La femme Boitier. — Il s'en va tout de même chercher la chasse-femme et il revient avec que, messieurs, il était content comme un bon dieu quand il a vu que c'était un garçon, et qu'il me dit : « Attends, mon chou, je vas te régaler de bon vin, ça te remettra ; donc qu'il va chercher trois litres, qu'il en boit deux et demi, et que le v'là soûl comme une pologne ; que j'étais furieuse comme vous pensez du vin qui était pour me remettre... une mère qui vient d'avoir un enfant...

Boitier. — Moi aussi je venais d'en avoir un.

La femme Boitier. — Finalement qu'il me refiche deux autres claques que la chasse-femme, qui n'avait jamais vu ça de sa vie, a crié aux voisins d'aller chercher les sergents de ville ; qu'on l'a donc arrêté et que le baptême s'est fait sans lui.

Boitier. — Enfin, du moment qu'on l'a appelé Ernest...

M. le président. — Votre conduite est odieuse.

Boitier (*sanglotant*). — Mais est-ce que je m'en rappelle ! J'étais complètement bu... et mon pauvre moutard que je n'ai pas vu depuis sa naissance. Mon Dieu ! mon Dieu ! Canaille, va !

Le tribunal le condamne à quinze jours de prison.

Boitier. — Ça t'apprendra à boire.

Est-il bien utile que ça lui apprenne à boire ?

UN BROCANTEUR SANS LE SAVOIR

Chacun sait que l'Amérique est le pays d'où l'Europe tire ses meilleurs oncles, mais, comme le faisait remarquer Arnal dans un de ses bons rôles : l'Amérique du Sud seulement, parce que l'Amérique du Nord est trop humide et ils y viennent mal. Voilà ce qu'ignorait Garancier, en s'embarquant pour aller recueillir, dans le nouveau monde (région septentrionale), la succession d'un oncle parti pour un troisième monde, le meilleur de tous, au dire de ceux qui n'y sont jamais allés.

Or, l'héritage de Garancier se composait uniquement d'un petit fonds de bibelots plus ou moins curieux qu'il rapporta, et dont il fit le noyau d'un établissement de curiosités.

Devenu ainsi brocanteur par hasard, Garancier a négligé de remplir les formalités voulues par les règlements, et le voici en police correctionnelle, où il raconte l'histoire de son héritage et le moyen qu'il a imaginé pour le réaliser en détail.

M. LE PRÉSIDENT. — Vous ne vous êtes pas contenté d'écouler les objets vous venant d'un héritage, vous avez exercé le brocantage ; ainsi, vous avez acheté un poignard ?

GARANCIER (*vivement ému*). — Mon président, j'ignorais généralement qu'il *fallusse* des formalités ; mais *dehors en avant*, j'y ferai attention ; une preuve *à la pluie* de ce que je vous avance, que je suis un homme qu'on n'a pas un cheveu à lui reprocher, c'est que voilà des certificats, tenez. (*Il tire des papiers de sa poche et lit.*) Je certifie, soussigné...

M. LE PRÉSIDENT. — Il s'agit d'une contravention ; vos certificats sont inutiles.

GARANCIER. — Excusez si c'est un effet ; personne ne pourrait me reprocher d'avoir dit plus haut que son nom à qui que ce soit ; ainsi, pendant douze ans, j'ai géré avec distinction un bureau de parapluies dans un théâtre...

M. LE PRÉSIDENT. — Mais nous admettons parfaitement que vous êtes un honnête homme.

GARANCIER (*de plus en plus ému*). — Rien que d'entendre parler de tuer ou de blesser quelqu'un, voyez-vous, ça me fait un effet des plus... honorables.

M. LE PRÉSIDENT. — Encore une fois, on ne vous reproche qu'une contravention.

GARANCIER. — Quand je vois du sang, voyez-vous, ah !... (*Lisant.*) « Je, soussigné, certifie que... »

M. LE PRÉSIDENT — Mais où voulez-vous en venir ? Voyons, tout se réduit à ceci : vous avez acheté un poignard ?

GARANCIER. — Pour le revendre, monsieur, pour le revendre, je vous le jure; voyez-vous devant le saint jour qui nous éclaire...

M. LE PRÉSIDENT. — Eh bien, oui, pour le revendre, c'est du brocantage et vous n'avez pas le droit de faire du brocantage.

GARANCIER (*suivant sa pensée*). — D'ailleurs, monsieur, je n'ai pas d'ennemis, moi. A qui voulez-vous que je donne des coups de poignard ?

M. LE PRÉSIDENT. — On ne vous dit pas que vous avez acheté ce poignard pour commettre un crime.

GARANCIER (*joignant les mains*). — Oh ! non,

monsieur, moi qui n'ai jamais eu le courage de tuer un lapin ; nous élevons des lapins, c'est ma femme qui les tue ; ne me condamnez pas, je suis innocent, je n'en veux à personne et personne ne m'en veut. (*Lisant un papier.*) « Je certifie que le sieur Garancier est un homme très doux, ne cherchant jamais querelle à personne et incapable de commettre un assassinat... »

M. LE PRÉSIDENT. — Je désespère de vous faire comprendre ce dont il s'agit ; il faut une autorisation pour exercer le brocantage ; prenez une autorisation et achetez ce que vous voudrez.

GARANCIER. — Des poignards ! C'est le premier et le dernier, je vous en fais mon serment que *dehors en avant* je ne veux plus en entendre parler ; c'est la première fois qu'on m'accuse, moi, Garancier ; jamais, au grand jamais, on ne m'a soupçonné de mal.

Le tribunal le condamne à 20 francs d'amende.

GARANCIER (*tremblant*). — Vingt ans ! vingt ans !

M. LE PRÉSIDENT. — 20 francs ; allez-vous-en.

GARANCIER (*riant et pleurant à la fois*). — Hein... quoi ? 20 francs ! v'là tout ?

M. LE PRÉSIDENT. — Oui, voilà tout ; retirez-vous et prenez une autorisation.

Garancier sort ahuri, ricanant et l'œil égaré, comme un homme ivre.

LE PERROQUET DE LA VEUVE TRONSON

> Il était beau, brillant, leste et volage,
> Aimable et franc comme on l'est au bel âge.

Dans ce portrait du perroquet de Nevers, on eût pu parfaitement reconnaître Jacquot, le perroquet de la veuve Tronson, lequel ne différait de Vert-Vert que par la couleur gris-cendré de son plumage et l'exquise convenance de son langage ; les b., les f. ne voltigeaient point sur son bec ; aussi était-il l'oiseau gâté du logis :

> Là tout s'offrait à ses friands désirs.

Parents, amis, tout était oublié pour lui

> Et deux matous, autrefois en faveur,
> Dépérissaient d'envie et de langueur.

Une catastrophe survenue à l'occasion du déménagement de la veuve Tronson causa la mort de Jacquot; mais un préparateur s'est chargé de lui rendre l'apparence de la vie. Que la paille lui soit légère, il emporte les regrets de quiconque l'a connu; une larme à sa mémoire et qu'il en soit question pour la dernière fois, puisque la justice correctionnelle est saisie du fait de destruction d'un animal domestique et de blessure volontaire reproché à un jeune homme que la veuve Tronson qualifie de bourreau de son perroquet.

Messieurs, dit-elle, c'était le jour de mon déménagement : tous mes meubles et effets, et même mes chapeaux étaient transportés dans mon nouveau domicile, faubourg Saint-Denis; je m'en allais la dernière avec mon malheureux perroquet dans sa cage, ne voulant pas le confier aux déménageurs qui sont des gens sans égards pour les animaux. Combien y a-t-il eu de serins ou autres oiseaux qui ont péri par l'incurie de ces hommes, en général Auvergnats ou Savoyards!

M. LE PRÉSIDENT. — Voyons, madame, arrivons au fait.

La veuve Tronson. — Oui, monsieur, c'est vrai, mais quand je pense à ça, l'indignation... voyez-vous enfin, m'y voici : Comme je passais près de la porte Saint-Denis avec ma cage, je me trouve tout à coup entre deux omnibus ; je veux me ranger pour ne pas être écrasée, je me cogne contre une horreur d'homme..

Le prévenu. — Eh bien! dites donc...

La veuve Tronson. — Il voyait bien que je ne l'avais pas fait exprès, puisque c'était dans la précipitation... pour n'être pas écrasée avec mon pauvre perroquet... qui n'y a rien gagné, le pauvre animal ; alors ce monsieur (*avec mépris*), cet homme se retourne et m'appelle vieille bête ; je lui réponds qu'il est un grossier ; là-dessus, messieurs, il allonge un formidable coup de pied dans la cage, qu'il envoie sauter à cent pas, avec la malheureuse bête qui a été tuée par la violence du coup, et moi j'en ai eu le poignet foulé..

M. le président. — Vous vous portez partie civile ; quelle somme de dommages-intérêts demandez-vous ?

La veuve Tronson. — Je demande 100 francs pour mon perroquet, que cela ne paiera pas ; mais enfin, c'est le prix qu'il m'a coûté au Havre. Je ne compte pas la nourriture, vu que j'en ai eu l'agrément, ni les 20 francs que j'ai payés pour le faire empailler. J'ai en outre, 45 francs de pharmacien et de médecin, pour mon poignet : je demande 150 francs.

Le prévenu. — Figurez-vous, messieurs, que tout le monde aurait agi comme je l'ai fait ; madame s'en vient se jeter sur moi et avec un fil de fer de sa cage elle m'arrache toute la doublure de soie de ma jaquette, une jaquette neuve de 60 francs. Je me retourne, je l'appelle : « Eh ! madame !... » et je lui fais voir ça : « Regardez donc ce que vous m'avez fait, » lui dis-je. Au lieu de s'excuser, elle me répond : « Butor, c'est vous qui avez manqué de me jeter mon perroquet par terre, en me bousculant. »

Voyant que c'était comme ça qu'elle me faisait des excuses, j'avoue que je l'ai traitée de vieille bête. A ce mot, elle se met à m'invectiver comme une furie; ma foi, la colère m'a emporté, j'ai fichu un coup de pied dans la cage et j'ai envoyé l'oiseau au diable; si madame a eu le poignet un peu tortillé, ce n'est pas de ma faute.

Les témoins entendus donnant complètement raison au prévenu, le tribunal l'a renvoyé des fins de la plainte, à la grande stupéfaction de la veuve Tronson et aussi à la grande satisfaction de l'auditoire.

LA ROGNURE D'ONGLES

La locution « justice paternelle » ne peut jamais avoir qu'un sens restreint; un père pardonne, la justice, elle, est tenue d'appliquer la loi; elle le fait avec plus ou moins d'indulgence et c'est ainsi qu'elle est plus ou moins paternelle.

Pour Jarreton, on comprend qu'elle l'ait d'abord été plus et qu'elle soit amenée à l'être de moins en moins envers cet abonné de la police correctionnelle, qui n'est certes pas un grand malfaiteur, mais qui finit par devenir agaçant; on ne voit que lui sur le banc des prévenus et c'est à peu près le seul moment où il ne soit pas ivre; il a du reste, pour cela, cette excellente raison qu'au dépôt on ne lui a pas offert « un verre; » un, est une façon de parler, bien qu'il prétende ne jamais dépasser cette modeste ration, et, aujourd'hui, pour expliquer l'état d'ivresse dans lequel il était lorsqu'on l'a arrêté, il dit : « Je ne sais pas ce qu'on m'a mis dans mon verre. »

M. LE PRÉSIDENT. — Du vin probablement.

LE PRÉVENU. — Mon président, il paraît que de la rognure d'ongles, ça vous abat un homme comme la quille à Mayeux; je tiens ça d'un herboriste de première classe.

M. LE PRÉSIDENT. — Et vous pensez que vos amis se sont rogné les ongles dans votre verre?

LE PRÉVENU. — Je ne crois pas qu'ils se rognent jamais les ongles, mais c'est un autre qui m'aura fait une farce.

M. LE PRÉSIDENT. — Vous avez été arrêté en état d'ivresse manifeste.

LE PRÉVENU. — Ah! m'en parlez pas; le vin! l'horrible vin!

M. LE PRÉSIDENT. — Pourquoi en buvez-vous?

LE PRÉVENU. — Parce que je l'aime. (*Rires.*)

M. LE PRÉSIDENT. — Vous avez déjà été condamné dix-sept fois.

Le prévenu. — Le vin! l'horrible vin!

M. le président. — Oh! pas seulement pour ivresse.

Le prévenu. — Trois fois pour sergents de ville.

M. le président. — Pour outrage à des agents.

Le prévenu. — Pour le simple mot de mufles; jamais autre chose, MM. les agents peuvent le dire.

M. le président. — Vous avez été condamné aussi pour vagabondage.

Le prévenu. — Mon président, ça c'est pas un crime; c'est simplement un citoyen qui se trouve être sans ouvrage et qu'on a renvoyé de son garni; c'est malheureux, mais ça n'empêche pas les sentiments; je suis un homme qui ne peut pas se reprocher d'avoir pris un liard sur la tête de personne.

M. le président. — Pardon, vous avez été condamné pour filouterie.

Le prévenu. — Oh! jamais. Un filou et moi, ça fait deux.

M. le président. — Vous n'êtes pas allé dîner chez un marchand de vin, sans argent pour payer?

Le prévenu. — Ah! si.

M. le président. — Eh bien, c'est une filouterie.

Le prévenu. — C'est pas de la filouterie, c'est de la faim.

M. le président. — Vous avez outragé l'agent qui vous a arrêté.

Le prévenu. — Simplement mufle, comme les autres fois.

L'agent est entendu : Le prévenu, dit-il, se battait...

M. le président. — Avec qui ?

Le prévenu. — Avec personne ; je me fichais une pile à moi-même.

L'agent. — En effet, il était seul dans la rue à une heure et demie du matin ; il s'arrachait les cheveux, trépignait sur sa casquette...

Le prévenu. — Et que je me criblais de gifle qu'on les aurait entendues de Bougival...

L'agent. — Voyant cet homme complètement ivre, je l'ai conduit au poste : il m'a traité de mufle.

Le prévenu. — Vous voyez !... j'y fais pas dire.

M. le président. — Ah çà ! vous étiez donc fou ?

Le prévenu. — Je décolerais pas de rage contre moi, d'avoir encore pris un verre où y avait de la rognure d'ongles ; c'est donc de là que je me tapais dessus, en disant : Tiens ! crapule, pochard, pignouf, mufle !... M. l'agent peut le dire.

M. le président. — Jusqu'ici, on s'est montré très indulgent pour vous ; les renseignements vous présentent comme un brave homme, qu'un verre de vin met en état d'ivresse.

Le prévenu. — Si n'y avait pas de rognures d'ongles...

M. le président. — Vous n'avez jusqu'ici été condamné qu'à de faibles amendes et à quelques jours de prison ; le tribunal sera forcé de se montrer sévère.

Le prévenu. — Eh bien, mon président, il aura raison.

Le tribunal condamne Jarreton à vingt jours de prison.

Jarreton. — C'est bien fait pour toi, espèce de pochard, de gouape, de pignouf !

On l'emmène.

L'AUDIENCE EST LEVÉE.

ROLE DES CAUSES JUGÉES
DANS CETTE AUDIENCE

—◦⦁◦—

Préface.	1
Monographie de la police correctionnelle. . . .	xv
Une parenté entortillée.	1
Le professeur de respiration.	5
Le pantalon caméléon.	9
Les envies d'un mari de femme grosse.	13
La queue de la chemise.	17
Du latin de gendarme.	23
L'argent d'une neuvaine.	27
Le pied de cochon.	33
Une affaire d'honneur.	37
La pensionnaire de la sage-femme.	41
Le lapin révélateur.	47
Vous allez rire.	51
Un drôle de vide-bouteilles.	57
La navette des quatre sous.	61
Les économies de bouts de chandelle.	65
Le polichinelle.	69
Que ferons-nous de notre fils ?.	75
Un aimable beau-père.	79
La pendaison du père Martin.	83
L'idée fixe d'un mari.	87
Un vestiaire à tout recevoir.	91
L'enterrement d'un ami.	97
Une posture encombrante.	101
La culotte à l'envers.	105
Le rasoir de Damoclès.	111

Un homme bien mis.	115
Un bandeau à tout faire.	119
L'élève tondeur de chiens.	123
Altéré par caractère.	127
Amis comme co...chers.	131
Le mangeur de nez.	135
Au sein de l'abondance.	141
Un ami inconsolable.	145
Qui des deux est le gendarme?	149
Un chicot obstiné.	155
Une cause difficile à juger.	159
Traité du haut en bas.	163
La loi sur les oies rôties.	167
Une passion irrésistible.	173
Le peintre d'écrevisses.	179
Une farce de fumiste.	183
Ce que veut dire : à l'œil.	187
Une femme qui bat les hommes.	191
La célèbre Malatorchi.	197
Le timbre-poste fantastique.	203
Une gifle prescrite.	209
Les frères Hareng.	213
Le tambour magistrat.	219
Un monsieur qui bat les femmes.	223
Le lapin de la portière.	227
Quel plaisir d'aller à la noce!.	233
Le café de la portière.	237
L'oie aux marrons.	243
Concurrence aux bouillons Duval.	249
Oreste et Pylade.	253
Un besoin impérieux.	259
Le chantage à la clarinette.	265
Un enfant dérangé.	269
Une date néfaste.	275
Le catéchisme poissard.	279
L'homme universel.	283
La sauce d'un lapin.	287

RÔLE DES CAUSES JUGÉES DANS CETTE AUDIENCE. 383

La grenouille à queue.	293
Ah! que les plaisirs sont doux.	299
Le fiacre-cuisine.	303
La casquette affranchie.	309
Une fête de famille.	313
Deux amateurs de saucisson.	319
Un gamin de cinquante-huit ans.	323
L'aveugle qui conduit son chien	327
Le joyeux décrotteur.	331
L'homme qui joue sa culotte.	335
Un cercle vicieux.	339
Les deux négociants.	343
La victime de la défunte.	347
Les bottes de Tourillon.	351
Le mendiant en voiture.	355
Les gueuletons d'une débitrice.	359
Bon père, mais pochard.	363
Un brocanteur sans le savoir.	367
Le perroquet de la veuve Tronson.	371
La rognure d'ongles.	375

8517. — Paris. Imprimerie de Ch. Noblet, 13, rue Cujas. — 1881

www.ingramcontent.com/pod-product-compliance
Lightning Source LLC
Chambersburg PA
CBHW070925230426
43666CB00011B/2316